50歳・資金ゼロから始める

老後を幸せにする資産運用

セゾン投信社長
園部鷹博

ビジネス社

プロローグ

園部鷹博と申します。今、セゾン投信という資産運用会社で社長をしております。1975年生まれの49歳です。

実はこの年代って、とても人口が多いってご存じですか。2024年2月時点の人口推計では、年齢別の男女人口（出典：「人口推計」令和6年2月報〈総務省統計局〉）というのが出ています。それによると、45～49歳の人口は男女計899万人で、50～54歳の969万人に次ぐ人数です。

ちなみに0～4歳の人口は404万人、5～9歳の人口は480万人ですから、いかに私たちの年齢前後の人口が多いか、おわかりいただけると思います。

なぜ、そんなに多いかって？

それは私たちの年代が「団塊《だんかい》ジュニア」と呼ばれていることからもお察しいただけるのではないでしょうか。

そう、私たちの親は終戦直後の「団塊世代」と呼ばれている人たちで、ここに大きな人口の塊があるのです。第二次世界大戦後の1947～1949年に生まれた人たちのことです。終戦となり、日本に戻ってきた若い男性が結婚して出生人口が大幅に増えたなどと言われています。こうして生まれた我が父母の同世代が大勢いたため、団塊世代が結婚して子供を産めば、当然、私を含む団塊ジュニアの人口も多くなるわけです。

ただ団塊ジュニアが育ち、社会人となって今に至る時代背景は、団塊世代と大きく異なります。

団塊世代の一例として、１９４９年生まれの足跡をたどってみましょう。

文部科学省の学校基本調査年次統計（令和６年）によるとまだ結構低くて、１９４９年生まれが大学に入学した１９６７年度の大学進学率は男性20・５％、女性４・９％で、合計12・９％でした。２０２３年度が57・７％であることからすると、相当に低かったことがわかります。

浪人せずに大学に入学し、留年もせずに無事大学を卒業したとすると、社会人になるのが１９７１年４月です。

この頃の経済成長率（出典：戦後日本の経済成長〈内閣府〉）は、１９５６年から１９７２年の平均値で９・２％もありました。そして働き盛りともいうべき30代後半に１９８６年からのバブル経済があり、豊かな生活を享受できました。ちなみに１９７４年から１９９０年までの経済成長率は、平均値で４・１％です。高度経済成長期に比べれば下がったものの、それでも４％台という高い経済成長が実現されていたのです。

そこからバブル経済の崩壊と低成長期に突入していくわけです。それでも２０１８年時点で60代後半だった団塊世代の持家比率（出典：家計調査〈２０１８年、総務省統計局〉）は約90％にも達していました。しかも定年まで同じ会社に勤め続けた人たちの退職金や年金は、老後の生活を満たすうえで十分な額だと思われます。

対して団塊世代の子供である団塊ジュニア世代の暮らしぶりはどうでしょうか。現在、49歳である私のケースに当てはめて、振り返ってみましょう。

大学入学が１９９３年で、この年の大学進学率は男性が36・６％、女性が19％でしたから、親の世代に比べるとだいぶ高くなりました。

それなのに大学は出たけれども、就職活動で苦労した人が結構多かったと思います。社会人になったのが１９９７年ですから、日本は不況のまっただ中でした。この年の経済成長率は１％にも達していません。いわゆる就職氷河期です。新卒で働きたくても就職できず、フリーターや派遣労働といった非正規雇用で働かざるを得なくなった人もいました。大企業を目指して就職活動をしたのに、それよりも１ランク、２ランク下の会社にしか入れなかった人も大勢いました。

非正規雇用者の年収は、正規雇用者に比べて格段に下がります。大企業に入れず、中小企業で働いている場合も同じです。そして年収の低さは、結婚できずに単身者のまま高齢化していく人を増やします。

何の対策も打たず単身者のまま高齢になると、結構、厳しい状況に立たされます。とりあえず結婚していれば、2人で稼ぎ、老後の生活を支えることも可能ですが、一馬力ではどうにもなりません。これは本書でも詳しく説明していくとおり、単身者の老後は苦しくなる可能性が高いのです。だからこそ、資産運用を真剣に検討する必要があります。それも、まだ体力的に余力がある50歳くらいから、自分の老後を見越した対策を講じないと、厳しい老後が待っているだけです。

今回の本を書くにあたって、間もなく50歳になる自分自身に照らし合わせながら、さまざまなデータに当たりました。正直、暗い気持ちになりました。非正規雇用や中小企業の働き口しかなく、なかなか収入が増えない状況が続いたのに、自分がリタイアして年金を受給する立場になったら、今度は自分たちを支えてくれるはずの若い人たちが減っているのです。年金制度という仕組み自体が今以上に厳しくなる恐れがあります。

そう考えると、私たち団塊ジュニア世代は、新入社員で働き始めてから老後に至るまで、経済的には本当に恵まれないままの状態が続くのだなと、暗澹《あんたん》たる気持ちにさせられます。

だからといって何もせずに、悲惨な老後を甘受するわけにもいきません。そこで資産形成が重要な意味を持ってくるのです。

ちょっとだけ自己紹介をさせてください。

外資系保険会社と外資系消費財メーカーで勤務した後、2007年にさわかみ投信に転職しました。たまたま私の知人がさわかみ投信と同じ独立系投資信託会社を立ち上げていました。その人からの誘いで、澤上篤人さんのセミナーに行ったのです。

そのセミナーをきっかけに澤上さんから「さわかみ投信で挑戦してみろ！」と言われて、同社に入社する決心をします。

さわかみ投信に入ったのなら、やはり企業リサーチに携わりたいという気持ちが強く、証券アナリストになろうとしたのですが、澤上さんから「お前、結構話せるから、アナリストやらなくていい。マーケティングに行け」と言われてしまい、営業のチームを担当することになりました。

さわかみ投信は、「直接販売」がメインの投資信託会社だから、営業チームといっても自分たちから積極的にファンドを販売するようなことはしません。もっぱらセミナーを開いては、さわかみファンドの理念、運用哲学について説明することを繰り返していたのです。休日もセミナーがあったりして充実した日々を過ごしていましたが、家庭の事情や直接販売以外の運用会社でも学びたいと考え、ドイツ銀行グループのドイチェ・アセット・

マネジメントに転職しました。

ドイチェでは主に営業担当です。そんなことで平和な日々を送っていたものの、ある時、旧知だったセゾン投信の中野晴啓《はるひろ》さんから「一緒にセゾン投信でやらないか」と声をかけられました。

当初はひたすら断っていました。ドイチェにいたほうが給料も高いし、安定した生活が送れたからです。それに当時はすでに大阪に住んでいたので、単身赴任で東京に行くのも嫌だという気持ちもありました。結局、中野さんの度重なる説得に根負けしたのもありますが、会社の理念に共感できるものがあったので2018年にセゾン投信に入社したのです。

セゾン投信に来て思ったのは、長期積立投資がセゾン投信の専売特許でなくなってきたことでした。2018年といえば、つみたてNISAがスタートした年です。どこの金融機関でも長期積立投資の効果について、積極的にアピールし始めた年であったのです。こうなると、それまで10年近く続けてきたセゾン投信の差別化要因が、かなり希薄なものになってきていました。

加えてインターネット証券会社が、投資信託の販売において力を入れ始めるようになりました。

直販を中心にした投資信託会社は、証券会社や銀行といった販売金融機関を介する投資信託会社に比べて、購入時手数料がかからないというコスト面での優位性を前面に打ち出していました。そこにインターネット証券会社は、そのコスト面に切り込んできたのです。現状、インターネット証券会社を介して販売されている投資信託は、大半が購入時手数料を取らないスタイルになっています。

こうした環境変化の影響によって、確かにセゾン投信のファンドに資金は流入し続けていたものの、以前に比べて新規開設口座数の伸びがかなり鈍化してしまっていたのです。この状況を変えなければならない、というのが2018年に私がセゾン投信に入社してから、早急に着手した経営的な課題でした。この経営的な課題を解決するのは、なかなか骨の折れることでしたが、お客さまの資産形成を優先させるべく2023年セゾン投信では経営体制が変更となりました。

中野さんの突然の退社は、ちょっとした騒ぎになりました。それでも現状、セゾン投信が設定・運用・販売している主力ファンドの「セゾン・グローバルバランスファンド」と「セゾン資産形成の達人ファンド」は月間ベースで資金流入が続いています。そのため資金流出によるクオリティの悪化などはまったく心配いりません。

また、セゾン投信としては直接販売が中心です。2024年1月に行われたNISAの制度改正によって個人の資産運用に対する関心が高まるなか、NISAの「1人1口座のみ開設可能」というルールは、運用ファンドの本数が少ない直販中心の投資信託会社にとっては不利になります。

それでも選択肢が多過ぎると、人間はむしろ選択できなくなります。その意味において、取扱ファンドの本数が多ければ多いほどいいという考え方には、諸手《もろて》を挙げて賛成しにくいところもあります。つみたて投資枠、成長投資枠の両方を合わせて1800万円という大きな非課税枠が認められたことによって、「せっかくそれだけの非課税枠があるのだから、複数の投資信託で運用しよう」と考えている人が増えています。そのため少数のファンドしか運用していない直販中心の投資信託会社は、NISA口座の開設先に選ばれない可能性が高まってきました。

幸いなことに、それでもセゾン投信は、月間ベースで資金流入が続いています。だからといって、このままで良いとも思っていません。インターネット証券会社にも門戸を開き、当社のファンドについて知っていただく機会、購入を検討していただく機会を増やしていきます。インターネット証券会社であれば、あくまでもお客さまが自分の意思でファンドを選ぶことができ、また類似ファンドとも比較いただくことで、当社のファンドの良さをわかっていただけると考えています。

もともとセゾン投信のファンドは、複数の店舗型金融機関でも取り扱われています。セゾン投信のフィロソフィー（投資哲学）を理解してくださり、長期・積立・分散投資による資産形成の大切さを、きちんとお客さまに説明してくれるところばかりです。こうした金融機関にも支えてもらいながら、セゾン投信はこれからも着実に成長してまいります。

本書は、私にとって初めての本です。冒頭でも申し上げたように、私は団塊ジュニアと呼ばれる世代です。たぶん他の世代に比べて、いろいろな意味で割を食っている世代でもあります。50歳になって、実はほとんど資産形成ができていないという人も少なくないかもしれません。

でも、あと10年、15年もすれば、着実に老後の生活を意識せざるを得なくなります。その時になってもまだ資産形成ができていなかったら、その後の人生は経済的に厳しくなることが予想されます。そうならないようにするための備えとして、本書がお役に立てるなら幸いです。

園部　鷹博

第1章

未来予測 これからの50代はこういう時代を生きることになる

第2章

お金をつくるための準備をしよう

第3章

公的年金の最低限の知識を身に付けよう

第4章 NISAとiDeCoを使い倒そう

第5章

資産形成に最適な投資信託の基礎知識と選び方

第6章

50歳から投資信託を活用して豊かな老後に必要な資産を築くには

第1章

未来予測
これからの50代はこういう時代を生きることになる

周りを見渡せば高齢者ばかり

２０５０年の未来図を描いてみましょう。あえて不都合な現実を直視してみます。現在、50歳の人が２０５０年の時には、76歳になっています。一般的に65歳以上の人を「高齢者」と呼び、75歳以上になると「後期高齢者」と言われるようになります。

対して65歳以上74歳までの高齢者を「前期高齢者」と言います。この2つは何が違うのかご存じですか。

医療保険制度が違うのです。

前期高齢者は健康保険組合、国民健康保険といった医療保険に加入しています。そして後期高齢者になると、後期高齢者医療制度という独立した医療保険に加入することになります。

この制度は、平成20年に導入されました。超高齢社会に突入して高齢者の医療費が増大するなか、国民皆保険制度を維持し、医療保険制度を持続可能なものにする必要があったからです。

このように医療保険制度を見直さざるを得ない状況になるほど、日本は高齢者人口が増えています。

ちなみに、これを混同している人が非常に多いと思うのですが、今でも日本のことを「高齢化社会」と言う人がいます。これは間違いなので注意してください。

実は高齢化社会には、ちゃんとした定義が設けられています。具体的には、全人口に占める65歳以上人口の割合によって決まります。それによると、

高齢化社会……65歳以上人口が全人口の7%超14%以下
高齢社会……65歳以上人口が全人口の14%超21%以下
超高齢社会……65歳以上人口が全人口の21%超

となります。ちなみに日本は1970年から高齢化社会になり、1994年からは高齢社会、2007年からは超高齢社会へと移行していきました。

日本の将来推計人口（出典：日本の将来推計人口〈令和5年推計、国立社会保障・人口問題研究所〉）を見ると、これから高齢者の人口がどれだけ増えるのかがわかります。出生中位（死亡中位）の前提条件を付与した場合の将来推計人口によると、65歳以上人口の占める割合は、2020年時点で28・6%だったものが、2050年に37・1%まで上昇します。かつ、このうち23・2%が75歳以上の後期高齢者で占められます。

これを人口の実数で見ると、2020年時点では65歳以上が3602万7000人で、

生産年齢人口と言われる15歳以上64歳が７５０８万８０００人です。つまり２人で１人の高齢者を支えれば良かったのに、２０５０年になると様相ががらりと変わってきます。65歳以上の人口が３８８７万８０００人であるのに対し、生産年齢人口は５５４０万２０００人です。高齢者が増える一方で、生産年齢人口が大幅に減少していることがわかります。結果として現役世代１・４人で１人の高齢者を支えなければならなくなるのです。

これが何を意味するのか。15歳以上64歳までの現役世代にとっては、社会保障関係費負担が増大するということです。

社会保障には国民年金や厚生年金などの公的年金や医療、介護、生活保護、雇用、労災などさまざまなものが含まれます。このうち大きな部分を占めるのが公的年金と医療です。

これらを賄《まかな》うために、現役世代は年金や医療保険などの各種保険料を納めているのです。日本の社会保障制度は、原則として現役世代が高齢者を支える仕組みになっています。そのため高齢者人口が増える一方で、現役世代の人口が減っていくと、当然のことながら現役世代の社会保障費負担は、どんどん重くなっていきます。

「可処分所得」という言葉をご存じでしょうか。お給料から税金、各種社会保険料など必ず国に納めなければならないお金を差し引いた残金のことです。自由に使えるお金という意味で、可処分所得と言います。

現役世代の社会保障費負担が重くなれば、可処分所得は増えにくくなります。実際、税・社会保険料負担率を見ると、1988年まで20・8%だったのに、2023年は28・5%まで上昇しています。つまり、その裏返しとして可処分所得が伸びないことを意味します。

可処分所得を名目値と、インフレを加味した実質値で見ると、日本人の生活が苦しい状況にあるのがわかります。名目値は金額ベースで把握されているため、物価が上昇すれば、可処分所得は増えていきます。実際、2010年からの推移を見ると、名目の可処分所得は増えているのに、インフレを加味した実質ベースの可処分所得は大きく減少傾向をたどっています。ここ直近は、インフレの影響で実質可処分所得が減少していましたが、中長期的には、これに社会保障費負担増が加わり、可処分所得の伸びが大きく落ち込むことも想定されます。

つまり、給料を主な収入源としている現役世代にとって実際に使えるお金が増えず、個人消費が盛り上がらなくなる可能性があります。

一方、現時点で50歳の人は2050年時点で75歳ですから、年金を受給する年齢に達しているものと思われます。

しかし、年金を受け取れる年齢に達しているからといって、今の50代の老後が安泰とは

可処分所得の推移

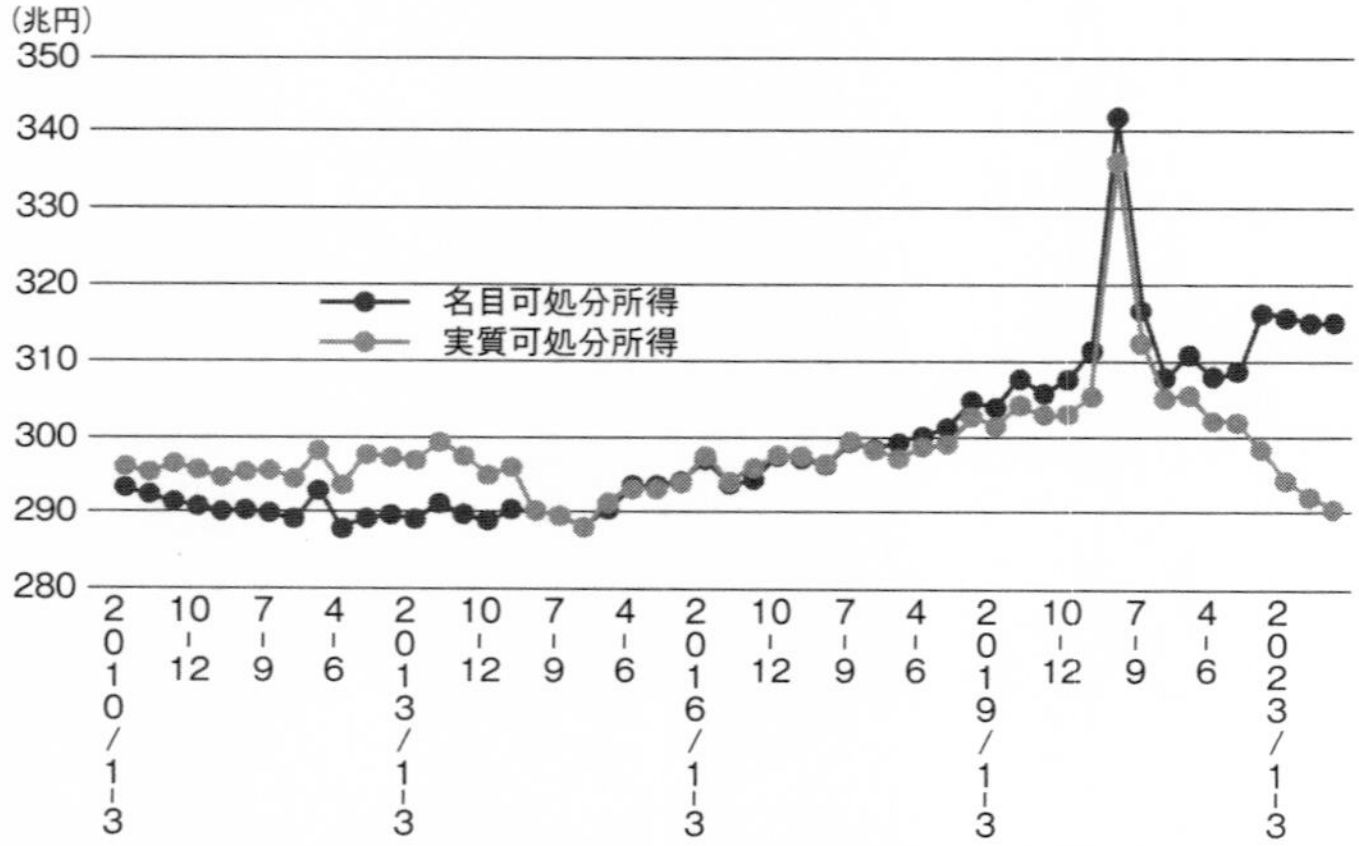

※実質可処分所得については、名目可処分所得を家計最終消費支出デフレーターで除して算出した参考値

出所：内閣府「家計可処分所得・家計貯蓄率四半期別速報（2023年10-12月期）」よりセゾン投信作成

言えません。年金財政が破綻することはないにしても、年金制度を破綻させないために、年金支給額が減額される恐れがあるからです。

しばしば「年金は破綻しないから安心していい」などという意見もあります。もし支給額が大幅に減らされることになれば、確かに年金財政は破綻しないかもしれません。しかし年金を受け取って生活する高齢者の家計は、極めて苦しいものになるでしょう。だからこそ2050年の後期高齢者は、今のうちから資産形成を行う必要があるのです。

人口減少社会の到来と現役時代の長期化

超高齢社会における日本の総人口はどうなるでしょうか。出生中位（死亡中位）の数字を見ると、２０２０年の人口は１億２６１４万６０００人でした。２０５０年には１億４６８万６０００人に減少します。この30年間で、日本の人口は２１４６万人も減る計算になります。

前述したとおり、特に人口の減少で問題になるのが、15歳以上64歳までの生産年齢人口の減少です。２０５０年のそれは５５４０万２０００人で、２０２０年の７５０８万８０００人から26・22％も減少してしまいます。

生産年齢人口の減少によるマイナス面は、いろいろあります。

まず少ない現役世代で高齢者を支えなければなりませんから、可処分所得が少なくなり、その分だけ消費意欲が後退する恐れがあります。

15歳以上64歳までの現役世代は、他の世代と比較しても消費意欲が旺盛です。当然、15歳未満はまだ高校生にもなっていないので、自分で稼ぐことができません。その分だけ消費に回せるお金は少なく、多少お小遣いで何かを買うにしても、親の了承が必要な年齢層でもあります。この層に消費の拡大を期待することはできません。

15歳以上64歳の層になると、自分で働いて稼ぐことができるようになります。といっても近年は大学進学率が50%を超えてきて、高校の進学率も限りなく100%に近づいていますから、実質的に19歳以上64歳が本当の意味での生産年齢人口であると考えられます。この年齢層は社会人になって結婚をし、子供が生まれて家を買い、さらには子供の成長、自分自身の昇給や出世なども絡んで、消費意欲はかなり旺盛であると考えられます。

そして高齢者の年齢層になると、徐々に消費意欲は後退していきます。それでも70歳くらいまでは、現役世代とそう変わらないくらいの旺盛な消費意欲を持つと考えられます。健康寿命に達すると、身体的にもさまざまな障害が生じてきて、現役世代のような旺盛な消費活動が徐々に難しくなっていきます。

ちなみに健康寿命は、2019年時点で男性72・68歳、女性75・38歳です。後期高齢者に近づくにつれて、人は病気をしがちになるということなのでしょう。いずれにしても70代前半から中盤以降は、消費意欲が大きく落ち込むものと考えておいても良さそうです（出典：健康寿命の令和元年値について〈厚生労働省〉）。

生産年齢人口が30年間で26・22%も減少するのですから、消費意欲が大幅に後退し、経済活動が停滞するリスクは想定しておく必要があるでしょう。

世の人口が大幅に減少すれば、ＡＩやロボティクスでは代替できない仕事も人手不足に陥ります。この手の仕事を中心にして、定年が現在の雇用延長も含めて65歳までから70歳、あるいは定年を設けずに働けるところまで働いてもらいたいと考える企業も、これからは増えていく可能性があります。

詳しくは後述しますが、人口減少による労働力不足によって円滑な仕事の運営に支障を来すようなことになれば、いずれは定年という考え方自体がなくなることも十分に考えられます。

退職金2000万円なんて夢のまた夢

老後の生活資金を退職金で賄おうと考えている人は、少なくないかもしれません。

その退職金が問題です。一体どのくらいの額が受け取れるのかをご存じですか。よく「平均で2000万円前後」などと言われていますが、本当にそれだけの額を受け取ることができるのでしょうか。

残念ながら、2000万円の退職金を受け取れる会社員は、ごくごく一部だと思います。

そもそも2000万円の退職金って、どこの世界の話でしょうか。厚生労働省の退職金（出典：就労条件総合調査〈令和5年、厚生労働省〉）によると、大学・大学院卒の人が勤続35年以上で定年退職した場合は、退職一時金と退職年金の併用で2283万円という数字が出ています。ちなみに平成30年（2018年）の同条件での退職金額は、2493万円でしたから、この5年間で約200万円も減額されたという結果になりました。

ひょっとしたら、このあたりの数字が独り歩きをしているのだと思います。就労条件総合調査の調査対象企業は、常用労働者30人以上を雇用する民営企業（医療法人、社会福祉法人、各種協働組合等の会社組織以外の法人を含む）のうちから、企業規模別に層化して抽出した約6400社となっていますから、なかには中小企業も含まれるはずです。それにしても過去5年で減額されているとはいえ、2000万円超の退職金は決して少ない金額ではありません。

ただ、この金額を見て、「ああ、退職金は2000万円くらいなんだな」と思った人は、要注意です。

中小企業の退職金事情は東京都産業労働局が毎年行っている中小企業の退職金事情（出典：中小企業の賃金・退職金事情〈東京都産業労働局〉）によると、2023年の数字で大学卒の定年退職金支給額は1091万8000円、高卒は994万円です。

中小企業に勤めている人が自分の退職金は2000万円だと思っていて、実際に支給された額が1000万円だったら、恐らくショックでしょう。また老後の生活設計自体を大きく見直さなければならなくなるでしょう。

だからこそ自分が50歳になった時点で、自分の勤務先における退職金の額がいくらなのか、そもそも退職一時金はあるのかどうかといった点を、事前に把握しておく必要があります。退職一時金の有無によって、60歳以降の資産形成の有利・不利が大きく変わってくるからです。

その意味で退職金は多いに越したことはないのですが、なかには退職金がないという会社もあります。そういう会社で働いている人は、自分の努力で資産形成をしていくしか他に方法がありません。

インフレはどこまで進むの?

退職金にしても、あるいは65歳以上になった時点で満額支給される公的年金にしても、これからは、その金額だけで生活するのは、かなり困難になりそうです。

その原因のひとつがインフレです。

日本は1990年代に入って、バブル経済が崩壊したことにより、物価が下がり続けるデフレ経済を長期にわたって経験しました。

「物価が安いのはいいことじゃん」などと思ってはいけません。今、50歳の方は、自身の経験を通じてわかっていらっしゃると思いますが、デフレが長引くと経済はどんどん停滞していきます。

物価が下がると、サービスやモノを提供して利益を得ている企業が儲からなくなります。つまり業績が悪くなります。すると、その企業で働いている人たちのお給料が下がります。お給料が下がると購買力が低下するため節約指向が強まり、サービスやモノを買わなくなります。結果、企業の業績が落ち、そこで働く人のお給料が減り……、といった具合にどんどん物価が下がり、経済活動を低下させてしまう危険が高まります。

このようにデフレは、消費者目線から単純にサービスやモノが安く買えるという点だけを見れば、確かに歓迎すべきことなのかもしれません。しかし企業側から見れば、決して望ましい話ではないのです。

そのデフレ経済がまさに今、終わりを告げようとしています。

2022年6月の消費者物価指数（出典：消費者物価指数2020年基準〈総務省統計局〉）は、前年同月比で1・0%の上昇でした。そこから徐々に物価上昇率が高まっていき、2

消費者物価指数（食料及びエネルギーを除く総合）の前年同月比推移

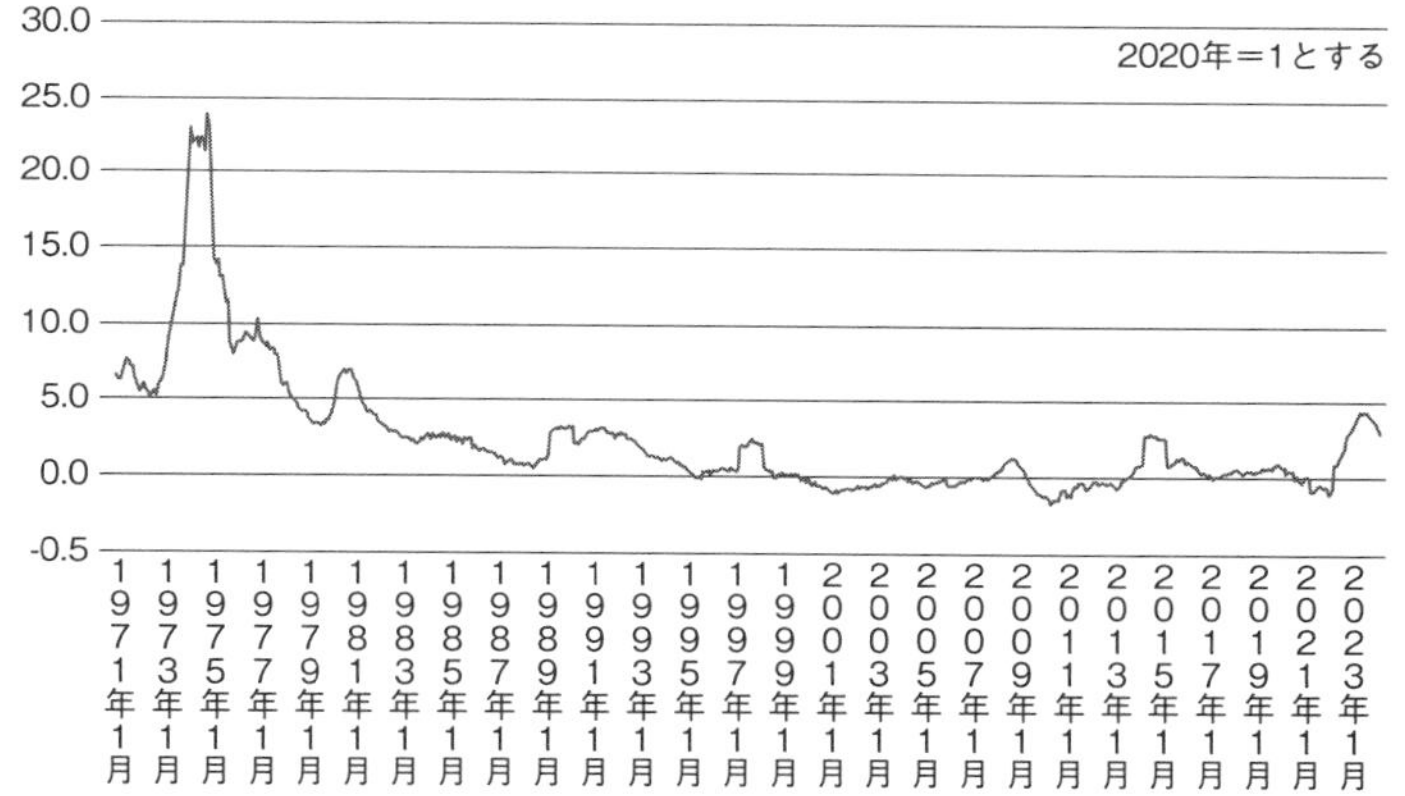

出所：消費者物価指数2020年基準（総務省統計局）

０２３年４月から10月までの間は、前年同月比で４％台の上昇率が続きました。

　これにはさまざまな理由があります。新型コロナウイルスの感染拡大が世界的に広まっていた時期は、経済活動が抑制されていました。感染拡大が一段落し、徐々に経済活動を再開していくなかで、抑制した時期のマイナス面が一気に露呈しました。具体的には、人員削減や部品などの生産抑制を行っていたため、経済再開とともに人手不足やモノ不足が急激に深刻化したのです。人手不足やモノ不足は、そのままインフレに直結します。

　それに追い打ちをかけるかのように２０２２年２月にロシアが、ウクライナへの軍事進攻を始めました。それによるロシアから欧米各国に対する、資源・エネルギーの供給抑制や、ウクライナを主要生産国とする小麦の供給制約が深刻化したことも、物価の高騰につながりました。

もうひとつ、これに加えるとしたら円安です。２０２１年１月時点では１米ドル＝１０３円前後だった米ドル／円のレートは２０２４年４月末には１米ドル＝１６０円直前まで円安を加速させました。

こうした複合的な要因が重なり、日本の消費者物価指数は上昇傾向をたどったのです。この原稿を書いている時点においては、２０２４年１月までの消費者物価指数が公表されているだけです。その前年同月比はやや落ち着きを取り戻し、３・５％まで低下してきています。

しかし、それでも３％台の半ばですから、決して低いとは言えません。そして、これからの問題はこのままインフレ状態が続くのか、それとも徐々に落ち着いていくのかということでしょう。

どちらになるのかを予測することはできません。それでも私たちは仮に今後、インフレが進んだとしても、生活水準を下げずに済む方法を考えなければなりません。

インフレが加速するとどうなるでしょうか。物価が毎年２％ずつ上昇していくと仮定しましょう。すると現在、１００万円のモノの値段は、10年後には１２１万８９００円になります。毎年2％ずつ物価が上昇したインフレの場合、1年後には100万円のモノの値段が102万円になります。次の1年は、102万円に対して2％の上昇率が掛かってくるため、複利的にモノの値段が上がります。

複利運用は、期間が長くなるほど高い効果をもたらします。ところが物価上昇にも複利効果が反映されるとなると、長期的な物価水準の上昇は、お金の価値を加速度的に減価させるリスクがあるとも言えます。

つまり、100万円を現金のまま握りしめた状態で物価水準が上昇していくと、今なら買えるはずの100万円のモノが将来的に買えなくなってしまうのです。この状況を前にして何の対策も講じずにいると、必要なモノが購入できず生活水準は悪化していきます。要するにインフレもデフレも過度に行き過ぎた状況が続くと、経済を壊してしまうリスクが高まっていくのです。

仮に年2％ずつの物価上昇が25年間、続いたとしましょう。100万円のモノの値段は25年後、いくらになっているでしょうか。

答えは164万600円です。100万円だったものが25年後には、64％も値上がりしてしまうのです。このリスクを軽減させるために、せめてインフレ率並みの運用成果が期待できる何かに資金を投じることで財産を成長させる方法を考える必要があります。

住宅の資産価値はダダ下がり？

持家全般をイメージしてください。

不動産経済研究所が発表している「首都圏　新築分譲マンション市場動向」のデータによると、２０２４年２月に首都圏で販売された新築マンションの平均価格は７１２２万円でした。ちなみに東京23区になると９１１０万円まで跳《は》ね上がりました。

９０００万円オーバーまで価格が上がってしまうと、もはや普通の勤め人にとって高嶺の花もいいところで、買える人はごく一部のはずです。

マンションの法定耐用年数は47年です。一般的に30年後の新築マンションの資産価値は、7割程度減価すると言われています。仮に９０００万円もの大枚をはたいて購入したマンションでも、30年後の資産価値は２７００万円です。35年後だとしたら、さらに資産価値は減価しているでしょう。

マンションは区分所有している人の数が多いため、大規模修繕や改修を行う際に必要な事前の合意形成が困難という問題もあります。

もちろん立地条件が素晴らしく良いマンションは、資産価値もそれほど減価しないという見方もあります。ただし、こればかりは何とも言えません。マンションの話ばかりしてしまいましたが、住宅の問題はそれだけに限ったことではなく、戸建てについてもさまざまな問題があります。

特に地方の戸建てに関しては、「空き家問題」を無視することはできないでしょう。自分は大都市圏に住んでいるけれども、親がまだ存命で地方の小さな村に住んでいるとします。両親が健在な間は良いものの、いずれかが先に亡くなったり、高齢者の一人暮らしが難しくなり施設に入居した場合、もともと住んでいた家をどう処分すればいいのかという問題に直面することになります。

もちろん即、売却できればいいのですが、昨今は特に地方において人口減少が加速しているため、売却したくてもなかなか買い手が付かないケースが増えています。

いささか古いデータになるのですが、総務省が行った平成30年住宅・土地統計調査（出典：平成30年住宅・土地統計調査〈総務省統計局〉）によると、2018年時点の総住宅数が6240万7000戸で、このうち空き家が848万9000戸となっています。空き家率は13・6％です。国はさまざまな形で空き家対策を行っていますが、将来的に地方を中心にして人口が高齢化し、自立した生活ができないとなれば、空き家は増えざるを得ませんし、売却も容易ではないという事態に直面するリスクが高まっていきます。

それは、親の家だけでなく、自分の家もそうかもしれません。都心一等地なら大丈夫という見方もありますが、高級住宅地の代名詞だった田園調布でさえ、空き家問題が深刻化しているという話もあるくらいです。

現在は人口流入が著しい東京を中心とした大都市圏ですら、若者を中心にした地方から大都市圏への人口移動が一服したら、徐々に人口増加のペースが落ちて、やがては人口減少に転じるでしょう。

東京都は、都内の人口（出典：未来の東京戦略〈東京都〉）について2030年に1424万人でピークを打ち、そこから減少に転じると見ています。人口減少による空き家増加問題は、地方だけでなく大都市圏にも当てはまるかもしれないのです。

よく「自分の家を構えて一人前」といったことを、ひと昔前の人たちは言います。今、50歳の団塊ジュニアの親世代は、まだそのような考え方が根強く残っているかもしれません。でも、その考え方はこれからの時代に通用しなくなると思われます。

もし皆さんに子供がいるならば、そのような考え方は皆さんの世代で断ち切ったほうがいいでしょう。高額なローンを組んで家を購入したものの、そのローンを完済する頃には、日本全体で人口が減少して、家の資産価値がほとんど残らないことにもなりかねないのです。その代表例が、ひょっとしたら今、都心やその近郊で次々に建てられているタワーマンションになるのかもしれません。

年金なんて雀の涙

2050年。75歳になった時の自分は一体、いくらの年金を受け取ることができるのでしょうか。

正直なところ、あまり期待しないほうが良さそうです。

2024年4月分からの年金額は、老齢基礎年金（国民年金）、夫婦2人分の老齢基礎年金を含む厚生年金ともに月額の年金額は、原則として2・7%の引き上げとなりました。これは物価変動率と名目賃金変動率が、ともに前年に対して上昇したからです。

ただ、厚生労働省が5年に1度行っている公的年金制度の財政検証（出典：2019年財政検証〈厚生労働省〉）を見ると、明るい未来像は、ほとんど描けなさそうです。

財政検証は、公的年金が将来にわたって持続可能かどうかを検証するものです。この財政検証で注目されるのが「所得代替率」という数字です。これは、現役世代の手取り年収に対する年金額の割合を示します。

たとえば2019年に行われた財政検証の結果を見ると、夫婦2人世帯のモデルとして

「平均的な賃金で40年間厚生年金に加入した夫と、40年間専業主婦の夫婦の世帯」の所得代替率は61・7%でした。現役世代の手取り月収が35・7万円で、所得代替率が61・7%だとすると、年金の額は約22万円になります。

これからの社会がどうなっていくのかを考えれば、将来の年金額が減るのは、容易に想像できます。前述したように現役世代が納めた年金保険料を、仕送りであるかのように高齢者の年金給付に充てる「賦課《ふか》方式」が採られている以上、支給される年金の水準は下げざるを得ないでしょう。

現在の年金制度は、2004年に行われた年金制度の大改正によって、現役世代が納める年金の保険料に上限が設けられました。そして年金は、あくまでもその範囲内で支給することになったのです。働く人が減っていけば、必然的に保険料は減ります。そのなかで支給される年金の額をやりくりするわけですから、年金が減るのは致し方のないことです。

そして、これから議論の俎上《そじょう》に載せられるのは、年金満額支給年齢の引き上げでしょう。

現在、老齢基礎年金については2013年から、満額支給の年齢が65歳に引き上げられました。厚生年金部分は1961年4月2日生まれ以降の人を対象に、満額支給の年齢が65歳に引き上げられる予定です。2024年4月2日時点では、1961年4月2日生まれの人の年齢が63歳なので、実際に満額支給の年齢が65歳になるのは、2026年からになります。

このように、老齢基礎年金部分と厚生年金部分の満額支給開始年齢の引き上げにはタイムラグがあるのです。両方とも同時に満額支給開始年齢が引き上げられることはないと思いますが、すでに老齢基礎年金の65歳満額支給が定着しつつあります。この部分については先に、満額支給開始年齢が70歳に引き上げられる可能性は十分に考えられます。

満額支給開始年齢が65歳から70歳まで5年先延ばしになれば、年金財政は一息つけるでしょう。その代わり将来、年金を受け取って生活しなければならない私たちは、70歳になるまでの間、どうやって食いつなげばよいのかを真剣に考える必要に迫られるのです。

親の介護費は誰がみる?

基本的に親の介護にかかる費用は、親の財産で賄うことが理想です。

しかし、それは親に十分な蓄えと年金があった場合の話です。なかには貯蓄がまったくなく、収入は国民年金のみ。日々の生活が非常に苦しいという高齢の親を持っている人もいるでしょう。

その親が介護状態になった時、子供は介護費用を負担しなければならないのでしょうか。

あくまでも原則論ですが、子供は親を扶養《ふよう》する義務を負っています。これは法律（民法877条）でも決められていることです。この扶養義務には身体的なサポートだけでなく、経済的サポートも含まれています。つまり親に介護費用を負担する能力がない場合は、子供にそれを負担する義務が生じるのです。

ただし扶養義務があるからといっても、子供が自分の生活を犠牲にしてまで、親を扶養する義務はありません。あくまでも必要な範囲内でのサポートに限られます。ましてや、子供に経済的な余裕がないのに、自分たちの生活を極限まで切り詰めてサポートする必要は、まったくないのです。

たとえば、これは特に地方に親がいる場合です。子供たちが直接、親を介護できないのだとすると、親には介護施設に入所してもらうことになります。当然、介護施設に入所するためには、相応のお金が必要です。さらに入所してからも月額でさまざまな費用がかかります。当初は親の財産からその費用を払うにしても財産があまりなかったら、どこかの時点で財産が底を尽き、施設への支払いが滞る恐れがあります。

基本的に親が介護施設に入所する際には保証人が必要です。その保証人は通常、子供がなるので、施設への支払が滞った場合の支払義務は、子供のところにきます。

親に十分な蓄えがない場合は、自分の子供の教育費だけに止まらず、親の介護費も負担しなければならなくなります。そうなると、支出ばかりがかさんでしまい、自分自身の老後の資産形成がなかなか捗《はかど》らなくなります。親が経済的な危機に直面した時、子供としてはできるだけ救いの手を差し伸べたいところです。それでもどうしても難しいのであれば、扶養を拒否することもできます。極端な話、子供が扶養を拒否したとしても、親が生活保護を受けられなくなることはないのです。

では、親の介護費用を子供が見る場合、どのくらいの金額を見積もっておけば良いでしょうか。もっとも介護費用の負担が少なくて済ませられるのは、子供が自分で介護することです。

しかし介護は正直、かなりの負担になります。介護の度合いにもよりますが、子供からすれば自分の仕事ですら支障をきたす可能性があります。そうなると文字どおり共倒れになります。

親の介護をして、自分の老後が立ち行かなくなったりするのは本末転倒です。そんなことをすれば、今度は自分の老後の介護負担を自分の子供に強いることになります。それだけは絶対に避けなければなりません。

親を介護施設に入れる場合、どのくらいの金額を負担しなければならないのかを考えてみましょう。ちなみにこの場合、両親のうちいずれかが亡くなり、地方で一人暮らしをしている親のことが心配で、地元の施設に入所させた前提です。

この場合、親がどのくらいの年金を受け取れるのかにもよります。あくまでも一例として、知人のケースを当てはめてみたいと思います。現在、母親が神奈川県藤沢市にあるサービス付高齢者住宅に入所していて、月にかかる費用がおよそ24万円です。母親が受け取っている遺族年金の額が月18万円なので、差額は６万円です。これが自己負担になります。

このほか各種検査やリハビリ、病気に罹《かか》った時の医療費、床屋代、ちょっとしたお小遣いなども含めると、３万円くらいでしょうか。したがって差額は全部をひっくるめて９万円になります。

もし親に１０００万円程度の金融資産があれば、ここから毎月９万円を取り崩していきます。単純計算すれば、１１１カ月は持つことになります。１１１カ月は９年程度です。でも、もし金融資産がまったくなかったら、この差額分は子供が負担する形になります。

毎月９万円の負担は、相当に厳しいと考えるべきでしょう。この場合、ほかの介護施設への入居も検討する必要があります。

基本的にもっとも負担を抑えられるのは、公的施設である「特別養護老人ホーム」です。ただし現状、特別養護老人ホームに入居できるのは、要介護認定で３以上の人になります。要介護３の人は、自分ひとりでできないことが増えて、日常的な介護の必要なケースですから、ここへの入所はかなりハードルが高くなります。その代わり、月額利用料は低めに抑えられます。

親の介護費負担は大原則として、まずは親の資産を使うこと。親に資産がなければ、子供が負担できる範囲で負担すること。もし、どうしても経済的に負担が困難な場合は、地域包括支援センターやケアマネジャーに相談すること。そうすれば、何らかの形で公的支援の方法を考えてくれます。

そして方々、手を尽くしたのに、親子ともに介護費用を用意できないという厳しい状況に追い込まれた場合は、生活保護の申請も視野に入れたほうが良いでしょう。

経済的な問題は資産運用で解決する

自分が50歳前後になり、親の介護に想定した以上の金額がかかることが判明したところで、あわてて経済的な準備をしようとしても、そんなにすぐには対応できません。

本書は、そんな準備をまったくしていなかった人でも、老後を何とかギリギリ乗り切るための処方箋《しょほうせん》を描くのが目的です。ただ本音を申し上げれば、資産形成は若いうちから始めるに越したことはありません。ここでは私と同世代、まさに今50歳になろうとしている人たちを想定して話を進めているのですが、たぶん私よりも若い世代の人たちにも当てはまる点がたくさんあると思います。

超高齢社会は不可逆的なもので、これからますます加速して進んでいきます。人口減少を根本から解決する方法も、まだ見つかっていません。仮に人口減少を食い止める政策が採られたとしても、その効果が目に見えて現れてくるまでに20年、30年の時間を必要とします。その政策が実行に移されるまでには、今からまだ相当の時間を掛けなければならないでしょう。

人口が減少し続ける限り、年金財政は厳しくなっていくでしょう。また、ますます住宅ストックは供給過多の状態が続き、全国的に空き家問題が深刻化していくはずです。都心の一等地は地価が上昇しても、地方都市では地価が上がらず、そこに住む人の数も増えないまま家がどんどん余っていくことになります。

物価が今後、どうなるのかはまだ何とも言えません。少なくとも日本政府は消費者物価指数が年2％ずつ上昇することに期待して、さまざまな経済政策を講じてきます。労働人口の減少、もっと大きなスケールの話をすると、地政学的リスクが高まれば、物価には今後も上昇圧力がかかっていくと思われます。すでに終身雇用制度や年功序列賃金が過去のものになり、転職が当たり前の時代になれば、退職金制度も極めて古い制度ということで、これらを廃止する企業が増えていくでしょう。

ちなみに前出の厚生労働省の「令和5年　就労条件総合調査」によると、2023年調査で退職給付制度（退職金）がある企業の割合は74・9％でした。2018年調査の時は、80・5％の企業で退職給付制度があると答えていたので、着実に退職金のない企業が増えています。

そんな時代を、私よりも若い世代の人たちは歩んでいくことになります。だから長期の観点に立った資産運用が必要になってくるのです。

もともと資産運用はそんなに難しいものではありません。資産運用というと、株式投資をまっ先に思い浮かべる人もいらっしゃると思います。それでも個人、とりわけこれから資産運用を始めてみようと考えている人にとって、自分で投資先企業の業績をチェックし、将来の成長性を検討し、現在の株価が割安なのか、それとも割高なのかを判断するのは、非常にハードルが高いと思われます。

その点で、私は投資信託の活用をお勧めします。

投資信託なら、誰にとっても無理なく資産形成を行うことができるはずです。最低購入金額も5000円程度から投資信託自体がさまざまな株式などに分散投資したパッケージ商品なので、いちいち企業を選ぶ手間からも解放されます。

最近はＮＩＳＡの制度改正の影響もあって、投資に興味を持っている人が増えてきたように思えます。なかには「１００万円を10億円にした」などというカリスマ投資家の話を聞いて、自分もそうなりたいと考える人もいらっしゃるでしょう。

でも、それは誰にでもできることではありません。大体において、このように株式投資で大成功を納めている人は専業投資家です。そして専業投資家は、投資でお金を増やさないと生活できなくなるリスクと、常に背中合わせです。それは物凄いプレッシャーとの戦いだと思います。それを乗り越えて投資だけで生活できるという人は、本当に一握りです。だから多くの人が株式投資を資産形成に取り入れようとする場合は、投資信託がもっともリーズナブルな手段なのです。

投資信託での運用は、短い期間で投資した資金が10倍になるなんてことはありません。たとえばセゾン投信で運用している投資信託で「セゾン・グローバルバランスファンド」は17年の実績があります。それでも設定来の年換算収益率は５・47％（概算値、２０２４年3月末時点）です。

もちろん投資信託ですから、値上がりだけでなく値下がりすることもあります。値上がり、値下がりを繰り返すなかで、長期的に年５％程度のリターンが得られれば良いほうでしょうか。

でも年平均5％でも長期投資をすれば、これがなかなかの投資成果をもたらしてくれます。

たとえば毎月3万円ずつ投資信託を積立買付して、それを年平均5％で30年間積み立てし続けたとしましょう。何もせず毎月3万円を貯めていった場合、30年間で積み立てられる金額は1080万円です。

ところが、これに年平均5％で運用ができると、1080万円がさらにリターンを生んでくれます。あくまでもシミュレーションです。それでも1080万円の元本から1366万1277円ものリターンを生んでくれ、それを合計すると2446万1277円もの資産を築くことができるのです。

月3万円でこれだけの資産を築くことができるのは、ひとえに若いうちから30年もの年月をかけて、コツコツ資産形成に励んだからです。これを50代で始めようとすれば、30代から始めた人に比べて投資する時間が短くなります。それでも一定額の資産を築こうと思ったら、月々の積立金額を増やすなど頑張りが必要になります。

この頑張り方とコツを50歳前後のみなさんに伝えるのが本書の目的です。ただ、できることなら少しでも若いうちから始めたほうが、無理なく資産形成できるはずです。その意味において、本書は50歳の人を対象にして書いていますが、さらに若い人たちにとっても参考にしていただけるはずです。

第2章

お金をつくるための準備をしよう

まず70歳まで働く意思を持つ

50代でまったく金融資産を持っていない人は、意外といらっしゃいます。ここで問題にしているのはあくまでも「金融資産」です。預貯金などの金融資産が1円もないという人でも、ひょっとしたら持家をはじめとする不動産などの実物資産を持っているケースがある点は含んでおいてください。

では金融資産をまったく保有していない世帯は、どのくらいあるものなのでしょうか。数字は、金融広報中央委員会が毎年公表している「家計の金融行動に関する世論調査（出典：家計の金融行動に関する世論調査〈令和5年、金融広報中央委員会〉）」からのものです。2人以上世帯における世帯主の年代別に、金融資産を保有していないと回答した人たちの比率は次のようになります。

- 20歳代……………36・9％
- 30歳代……………28・4％
- 40歳代……………26・8％
- 50歳代……………27・4％

● 60歳代……21・0％
● 70歳代……19・2％

20歳代の資産ゼロ回答が高いのは仕方がないところでしょう。お給料もそれほど高くないし、でもまだ遊びたい盛りだし。

この数字は2人以上世帯ですから、結婚している世帯主の家庭が対象になっています。30歳代以上になれば、そろそろ子供をつくろうという話も出てきて備えが必要になりますから、相応に金融資産を持つ世帯の割合が高まっていきます。そのため金融資産を保有していない世帯の割合は、30歳代、40歳代と低下していきます。それなのに、なぜか50歳代になると金融資産を保有していない世帯の割合が上昇します。

50歳代で金融資産を保有していない世帯の割合が27・4％もあるのは、それはそれで問題でしょう。そして本書は、まさにこういう人がターゲットでもあります。

50歳代で金融資産がまったくない、あるいは持っていたとしても極めて少額という人はどうすればいいのでしょうか。

その対策の第一歩は、できるだけ長く働くことです。

労働力人口に占める65歳以上の割合は年々上昇しています。1980年の割合は、わずか4・9％だったのに対して、2021年は13・4％です。ちなみに1980年の労働力人口は５６５０万人で、このうち65歳から69歳の年齢で働いている人の数が１６５万人、70歳以上でも働いている人の数は１１４万人でした。それが２０２１年は65歳から69歳で働いている人の数が４１０万人、70歳以上で働いている人の数は５１６万人になっています。ここまで増えると、もはや70歳でも働くのは当然と思えてきます。

ただし70歳まで働く場合、雇用形態は非正規雇用になるのが普通です。将来的には、定年制度そのものがなくなり、70歳でも正規雇用で働ける時代が来るのかもしれません。ただ少なくとも現状においては、非正規で働くことになりそうです。

では非正規社員の場合、月収はいくらになるでしょうか。厚生労働省の「賃金構造基本統計調査（出典：賃金構造基本統計調査〈厚生労働省〉）」によると、正社員・正職員以外の一般労働者で男女別に平均的な給与額を見ると、次のようになります。

【男性】
- 60〜64歳……… 28万３６００円
- 65〜69歳……… 23万８０００円
- 70歳以上……… 20万９５００円

【女性】
- 60〜64歳……… 19万９１００円

・65～69歳………18万5800円
・70歳以上………17万7300円

もしパートナーがいるのであれば、2人で稼ぐダブルワークがお勧めです。この数字はあくまでも平均値なので、どの職業でもこの金額になるとは申し上げられません。ただし参考までに考えると、65歳から69歳までの間、ダブルワークをすれば、毎月42万3800円の収入を得ることができるのです。

そのうえ65歳から公的年金が満額受給できるとなれば、月々の生活費を絞ることによって、資産形成のラストスパートをかけることも十分に可能になります。健康寿命を考えれば、72歳前後までは何とか頑張って働けるのではないでしょうか。だとすれば、公的年金を満額受給できる65歳から72歳までの7年間を、資産形成のラストスパート期間と考えることもできます。決してあきらめる必要はないのです。

保険も見直す

次は保険の見直しです。

皆さん、高い保険料を払って生命保険に入っていませんか。昔の人はよくこう言ったものです。

「園部君、保険に加入して初めて、社会人として一人前なんだよ」

そんなわけないでしょう。と、思わず声を荒げてしまいたくなります。でも今から30年ほど前は、生命保険の「職域営業」というものがありました。昼休みの時間になると、保険会社の外交員が職場に現れ、保険のパンフレットを置いていったりしたものです。さすがに最近は秘密保持やコンプライアンス、セキュリティの問題から、いきなり保険外交員が職場に現れるなどということはなくなりましたが、こうした保険外交員が大勢いたように、社会人になったら生命保険に加入するのが当たり前でした。通過儀礼みたいなものでしょうか。

それでもって、死亡時の保険金額が2000万円程度の定期特約付終身保険みたいなものに加入させられてしまうのです。

結婚前だと、その保険の受取人は両親のいずれかになるのでしょうね。

でも、よくよく考えてみると、どうして両親のいずれかを保険金の受取人に指定してまで、生命保険に加入しなければならないのでしょうか。

はっきり申し上げて生命保険に加入する必要性は、ほとんどありません。いや、掛け捨てで最低限の保障が付いた生命保険や共済ならば加入してもいいのですが、保険外交員の言うなりで保険を選び加入すると、大変なことになります。つまりいろいろな特約が付けられた満艦飾《まんかんしょく》の生命保険に加入させられて、とんでもなく高い保険料を支払わされることになります。

でも、生命保険って本当に加入する意味があるのでしょうか。

被保険者、つまり保険金が支払われる人が30歳の時、生命保険に加入して30年間、保険料を支払ったとしましょう。月々の保険料は2万円とします。

保険契約の内容は、被保険者が保険料の払い込み期間中に死亡した場合、2000万円の保険金を受け取れるというものです。これはつまり、被保険者が死亡した時に2000万円を受け取れる保障を、総額720万円で購入したことと同義です。

一般的に生命保険は保険会社の収受する付加保険料が開示されていませんので、受け取れる保障に対する保険料が妥当かどうかわかりません。被保険者が保険期間中に死亡すれば、最低でも保険金額から払い込み保険料を差し引いた1280万円の利徳を得ることができます。しかし保険期間である60歳を超えてからも生存していた場合は、720万円の保険料が生命保険会社の総どりになります。

では、30歳の人が保険期間である60歳になるまでに、何らかの理由で死亡する確率は何%なのかというと、男性で6・1%、女性では3・3%です（出所：厚生労働省平成29年簡易生命表から算出)。

つまり、「生命保険に入っていてよかった」と言えるのは、100人に3~6人しかいないのです。逆に言えば、9割以上の人は720万円をドブに捨てたのと同じことになるのです。

「それでも自分がその1人になる可能性がある」とおっしゃる人もいます。確かにそのとおりで、運悪くその1人に自分がなってしまうケースもあります。でも、100人に3~6人となると、確率的にはもはや運・不運の問題でしょう。さらに多額のお金がかかる病気になることを心配する人もいますが、日本には「高額療養費制度」という、とても優秀な保健制度があります。

ほぼ誰でもがこれを利用することができ、病気になった時の医療費をかなり安く抑えてくれます。そう考えると、生命保険は最低限の掛け捨てに加入しておけば十分でしょう。それも社会人になったばかりのタイミングで加入する必要はまったくありません。結婚して産まれた子供たちが巣立つまでの間に、一家の大黒柱に何かがあった時の備えとして必要十分な程度の保険に入っておけば、事足りるはずなのです。

ところで50歳前後で、すでに相当額の保険料を払ってしまったという人もいるでしょう。25歳で定期付終身保険に加入し、毎月1万4000円程度の保険料を25年間、払い続けてきた人はどうすればいいのでしょうか。

単純に計算して、これまでの25年間で払い込み続けた保険料は420万円です。さらに55歳まで保険料を払い続けることによって、自分に何かあった時には、家族に3000万円の保険金がおりるようになっています。でも保険料の払い込みが終わる満55歳を持って、保険金は終身部分のみが残り、その保険金額は600万円です。

もし、こんな保険に加入していた場合、払い済みの終身保険部分を残し、存置する方法があります。また予定利率が高い時代に契約したなら、定期部分だけ解約して終身契約だけ残すと、当初契約時の予定利率で安定運用も可能なのです。その判断は契約時の予定利率によりますので、確認することをお勧めします。一方、予定利率を調べるのが面倒だという人は次のような考え方もあります。

残り5年間で支払わなければならない保険料は、84万円です。55歳までに払い込む保険料の総額は504万円。これで600万円の保障を買ったことになるわけで、自分がパートナーよりも先に亡くなるかどうかは誰にもわかりません。

なお、この保険を解約した場合、解約返戻金として戻ってくる金額が200万円です。つまり解約すると、304万円の損になります。

人によって考え方はさまざまですが、私なら解約します。確かに304万円の損は生じても、それは55歳になるまで3000万円の保障を維持してきたコストと考えます。

そして、これから本当に必要になるのは、保障ではなく現金です。だとしたら、自分が先に亡くなるかどうかもわからない状態で保障を維持し続けるよりも、解約で戻ってくる200万円を選ぶべきだと考えます。

生活のダウンサイジングを実行する

支出を抑えるために毎日ただ漠然と使っているものが、自分の生活にとって本当に必要なのかどうかを真剣に考えることが肝心だと思っています。

保険に関しては前述したとおりですが、自動車はどうでしょうか。もちろん、地方に行くと軽自動車が1人につき1台などというところもあります。4人家族で子供のうち1人がすでに自動車免許を持っていたら、一家に3台の車があることになります。駅が遠く、1日で通る電車の本数が2本とか3本などという地方になったら、車は生活を維持していくうえでの必需品になります。

でも交通網が発達した大都市圏で生活している人にとって、自動車は必需品でしょうか。駐車場代や税金、ガソリン代などで年100万円以上かかることを考えると、なかなか大変な金額ですね。もし10年間維持し続けたら、それだけで1200万円以上もの支出になります。このように考えると、最近の若い世代の間で、自動車を持たない生活をする人が増えているのも当然のような気がします。自分の足で歩くのは健康にいいことです。自分の健康寿命を先に延ばせるようにするためにも、自動車を持っている人は売却して、今後はタクシーやレンタカー、あるいはカーシェアを利用するようにしたほうがお金が貯まりやすくなるはずです。

ついでにスマートフォンの契約内容も見直してはいかがでしょうか。デフォルト設定のまま使い続けている人も少なくないようです。複雑で、わざとわかりにくくしているのではと思われる各種プランも懸命に調べれば、ひょっとしたら今以上にお得なプランが用意されているかもしれません。

とにかく無駄《むだ》をなくすようにしましょう。無駄も見直していけば、1年間である程度の金額のお金が節約でき、それを自分の将来の生活費等に回せるかもしれないのです。

収入が増えなくても、このように無駄をどんどん省いていけば、10年くらいでかなりの金融資産をつくれるはずです。

老後にかかる生活費の収支を把握する

あくまでも平均値という前提でお話しましょう。総務省が集計・発表している「家計調査（出典：家計調査・二人以上世帯〈2023年、総務省統計局〉）」を見ると、年齢別に毎月いくらの消費支出があるのかを把握できます。

1カ月の消費支出額がもっとも高い年齢層は、50歳から54歳までの35万8142円です。次いで55歳から59歳で33万7276円でした。

ただ、60歳以降になると、徐々に月々の消費支出額は減額されていきます。ざっと並べると、

- 60〜64歳………31万1453円
- 65〜69歳………30万1705円
- 70〜74歳………27万2657円
- 75〜79歳………24万5107円
- 80〜84歳………22万4648円
- 85歳以上………22万8685円

85歳以上まで生きられるかどうかは何とも言えませんが、消費支出額は50歳から54歳までの時に比べると、12万9457円も減ります。子供が独立して夫婦2人の暮らしになり、かつ歳を取れば、食べる量も減ります。50代の時のように、いろいろなところに出かけてレジャーを楽しむのも体力的に難しくなっていきます。結果的に高齢者になればなるほど、消費意欲は後退していきます。

しばしば「老後を豊かに暮らすためには、60歳くらいで最低でも5000万円程度のお金がないとダメだ」などと言われています。ところが年齢を重ねるごとに、徐々に消費意欲が減退して、月々の消費支出額が減ることを考えると、案外、何とかなってしまうのかもしれません。

もちろん、夫婦で暮らしているのと、単身者のままでいるのとでは、そもそも収入の額が1馬力か、2馬力かの違いがあります。食費などのコストも、2人で暮らしている時のほうが効率的です。したがって、結局のところは個々人のケースに当てはめて考える必要はあったとしても、その基準値として年齢ごとに、どのような消費項目にいくらお金を使っているのかを把握しておくのは良いことだと思います。

園部の注目ポイント

介護が始まる前に親の財産を確認する

親の財産は親が健康なうちに確認しましょう。理由は2つあります。

第一の理由は、相続が発生した段階になって、親が持っている資産を確認しようとしても、何がどこにあるのかわからなくなっているケースが想定されることです。親の通帳や実印の在りかがわからず、家のどこかに多額の現金を隠し持っていたなどという話もあるくらいです。

加えて昨今、問題になると思われるのが、「デジタル遺産」の相続です。デジタル遺産とは、亡くなった人が生前、デジタルの形式で保管していた財産を指します。具体的には、ビットコインなどの暗号資産、FX（外国為替証拠金取引）、インターネット銀行やインターネット証券会社に預けてある預金や株式、債券、投資信託や電子マネー、各種ポイント、マイレージなどが含まれます。

こうしたデジタル資産の問題点は、本人でなければID、パスワードなどがわからないことです。第三者が口座をの中身を見ることができないのです。特に暗号資産は、それを格納してあるウォレットを開くにあたって、複雑なコードを入力しなければならないケースもあります。それがどういうもので、どこに記録させているのかといった点がわからないと、永遠に開けなくなってしまいます。大事な資産が、ブロックチェーンと呼ばれているコンピュータネットワーク上に閉じ込められてしまうのです。このブロックチェーンに記録されているデータを開ける鍵がわからないと、誰も暗号資産を取り出すことはできません。

そこまで厳重ではないにしても、親が持っているインターネット銀行やインターネット証券会社の口座を開くために必要なIDやパスワードがわからなかったら、たとえ子供や親族が金融機関にお願いしたとしても、そう簡単に口座情報を教えてはくれないでしょう。

ましてや、インターネット金融機関の場合、取引明細や通帳などが紙ベースではなく、インターネット上で管理されているケースが多くあります。親がインターネット証券会社に口座を開いていたことさえ、遺族にはわからないというケースも起こり得ます。

もし、口座の存在すらわからない状態で、そこに1000万円以上のお金が眠っているとしたら、どうでしょうか。考えるのも嫌になってしまいます。

だからこそ両親が健在なうちに、親がいくらの資産を持っていて、どこに保管されているのか、また変な借金はないのかといった点をしっかりとまとめておいてもらいましょう。子供たちも、いざという時にどこを確認すればいいか共有しておいてもらえば安心です。

親の財産を確認しておくもうひとつの理由は、親が何歳になるまで、自分の財産を取り崩して生活を維持できるのかを把握する必要があるからです。

これがはっきりしないと、子供たちは本当に不安な気持ちを持ったまま、高齢になった親の介護と向き合わなければならなくなります。逆に親の総資産額がわかっていれば、そのお金が底を尽くまでの期間がどのくらいかを事前に把握できます。そうすれば、何かしらの対策を講じることもできます。

厳密に計算する必要は、まったくありません。先にも簡単に触れたように、現金資産がいくらあって、毎月の取り崩し額の概算がわかれば、あとは単純な割り算です。どのくらいその現金資産がもつのかを算出できます。親のパートナー（配偶者）が亡くなって、残された親の年齢が80歳。現金資産が1500万円あり、年金の額は毎月15万円。地方で一人暮らす親が心配だから、しかるべき施設に入所してもらい、その月額費用と諸々の雑費が合わせて25万円。だとしたら差額が10万円なので、12年と半年は、その1500万円で生活できるという、おおよその目途が把握できます。この程度の計算で十分なのです。

しかし、それも親が今、どのくらいのお金を持っているのかがわかるからこそ、できる話です。大事なのは、両親が健康なうちに金融資産がいくらあるのか、借金はないのか、デジタル資産はどこにいくらあって、そのIDとパスワードはきちんとまとめてあるのかなどを確認しておくことです。

子供からすれば、なかなか言い出しにくいことかもしれません。これはインターネットで遺産相続に関する情報を集めていると、よく出てくる話です。どうすれば、気分よく親にまとめておいてもらえるのかについては、この手のインターネット情報を調べてみてください。あえて言うならば、そういう財産のまとめ、保管場所の引き継ぎをしっかりしておかないと、困るのは子供たちなのだと、きちっと親に伝えることです。

親に持っている財産の話を聞いた時、子供たちにとって一番困るのは、「金融資産がほとんどない」という現実を突きつけられた時でしょう。

その場合は、売却して現金化できるものがあるのかどうかを確認しましょう。究極的には土地と建物です。

とはいっても、地方の老朽化した家の場合だと、値段が付けられるのは土地くらいになってしまいます。前述したように人口減少が著しい昨今においては、たとえ土地でも地方だとなかなか売却するのが困難かもしれません。

でも、まったくのゼロであるのに比べれば、まだマシです。土地も含めて不動産を持っている場合は、事前にその資産価値を調べて把握しておくようにしてください。

ただ片端から親の承諾も得ずに売却してしまうと、後々、遺恨になります。そこはしっかり話し合って進める必要があるのは、言うまでもありません。とにかく親の財産の終活は、親が存命中に進めることが大事だということを忘れないようにしてください。

園部の注目ポイント

その家に一生住むつもりですか?

自分の親がほとんど金融資産を持っていないことがわかった時、親が住んでいる家や土地を売却できるかどうかを検討する必要があると前述しました。

それは親に限った話ではなく、子供である自分たちにも当てはまります。50歳の単身者の多くが賃貸住まいでしょう。でも結婚して夫婦、子供と暮らしている世帯であれば、持家に住んでいるケースが多いと思われます。

確かに自分の家を持つことは、「一国一城の主」ではありませんが、ちょっとした人生の夢かもしれません。

でも、その家に一生住むつもりですか?

4人家族で暮らすことが前提で購入した家は、夫婦2人の暮らしには大きすぎるでしょう。部屋がいくつもあったとしても、それは物置になるだけです。しかも建物の価値は、築年数が経つにつれて、どんどん値下がりしていきます。築30年、築40年の一軒家になれば、建物部分はほとんど無価値で、土地の値段しかつかなくなるはずです。

すでに買ってしまった人は、もうどうしようもないので、とにかく今の地価がこれ以上下がらないことを祈るだけです。

もし、ある程度の値段がついて売却できるのだとしたら、売却するのもひとつの方法かもしれません。売却できてまとまった現金が入ったならば、当座の住まいは夫婦２人で住める大きさの賃貸に引っ越して、その現金を運用に回せばいいのです。

同じ資産でも不動産のような実物資産、それも不動産だと、いざという時になかなか現金化できません。しかし金融資産なら自由が利きます。運用して増やした資産を老後の生活費に充てたり、あるいは高齢者施設に入居する際の資金に充てたりすることもできます。

ところで家関連では、もうひとつ重要なことがあります。それは住宅ローンが残っているかどうかです。返済期間が35年という長期の住宅ローンを組んだ人のなかには、65歳前後まで住宅ローンがしっかり残っている場合も少なくないでしょう。

基本的に持家を売却する場合は、住宅ローンを完済していることが条件になります。したがって住宅ローンが残っている場合は、売却金額が住宅ローンの残債よりも高ければ、その売却資金でもって住宅ローンを完済できます。

また手元に十分な資金があれば、それで住宅ローンを完済して売却する方法も選べます。

しかし、いずれもかなりハードルが高くなります。築年数が古ければ、売却できたとしても住宅ローンの残債以下の売却代金にしかならないかもしれません。そもそも十分な手元資金がないからこそ、今の家を売るべきかどうするかで悩んでいるわけです。

では残った住宅ローンを完済できない場合は、どうしたらいいのでしょうか。

この場合、退職金で住宅ローンを完済してしまう人も多いと思いますが、私はお勧めしません。もちろん退職金の額にもよります。住宅ローンを完済できたものの、退職金がまったくなくなってしまったのでは、老後の生活に必要な現金確保ができなくなります。この場合、退職金は運用に回し、70歳まで働きながら住宅ローンを返済する方法も考えられます。いずれにしても建物の価値はなくなっているのですから、土地の売却代金だけでも捻出できれば良しとするべきです。

園部の注目ポイント

聖域になりがちな子供の教育費をどうするか

子供の教育費については、特に私立大学に4年間、通うとなると、かなりの出費になります。親が50代になってから子供2人が私立大学に通うことになったら、2人分の授業料だけで、4年間で800万円以上もかかってしまいます（出所：文部科学省の集計した「令和3年度　私立大学入学者に係る初年度学生納付金平均額より)。

親の財布にとっては、最後のトドメといったところでしょうか。

子供の教育費は、ある意味「聖域」になりがちです。子供に少しでも良い教育を受けさせてあげたいというのは、すべての親に共通する想いなのかもしれません。

でも、無い袖を振ることはできません。「それでも何とか勉強したい」と子供が強く願うのであれば、親としても何とかしてあげたいところでしょう。

本来なら、子供が生まれた時点で18年先を見据えながら、苦しくても大学の授業料だけは何とか用意してあげるのが、親の務めかもしれません。入学金と授業料だけは用意して、家賃や生活費は子供がアルバイトをして稼ぐよう、小さいうちから子供に言い聞かせておけば、親の負担は多少ながら軽減できます。

それが苦しいのであれば、子供に奨学金を受けさせるしかないでしょう。奨学金といってもスカラシップのように入学金や授業料の全部、もしくは一部が免除されるものもあれば、完全な貸与のケースもあります。大半の学生が簡単に受けられる奨学金は後者です。

本当に優秀な学生なら、フル・スカラシップを受けて4年間、勉強することもできます。ただし、貸与の場合は社会人になってから返済する義務があります。とはいえ、自分自身が勉強したくて大学に行くわけですから、ここは子供としても頑張りどころでしょう。私立は授業料が高いので、国公立大学に行くという手もあります。ちなみに私は全額、アルバイトで学費を稼ぎ、地元の大学に通いました。

あるいは、高校を卒業したらいったん、社会人として働き、ある程度のお金を自分で貯めてから、自分で授業料を払って大学に行くという手もあります。

なぜか日本では、高校を卒業したら、そのまま大学に行くという気になっている人が大半のようです。でも、ドイツでは高校を卒業したら社会人経験を積み、そのなかで必要な時には大学に通うパターンが多いとも聞きます。まるで義務教育であるかのように、高校を卒業したら間髪を入れずに大学に入学するというパターンを一度、壊してみてもいいのかもしれません。自分が大学に通うための費用を自分で稼げば、勉強に対する熱の入れ具合も変わってくるでしょう。

さて子供に関しては、もうひとつ言っておくべきことがあります。それは子供が大学を卒業して社会人になったら、家に置いておかないことです。さっさと出て行ってもらいましょう。社会人になった子供を自分の手元に置いておきたいというのは、単なる親のエゴに過ぎません。社会人になったら、家を出ていってもらう。そうすれば生活費も軽減されます。家だって夫婦2人で暮らすうえで必要十分な規模のところを見つけ、引っ越せばいいのです。これによって家の維持コストも下がれば、一石二鳥です。

第3章

公的年金の最低限の知識を身に付けよう

老後の生活を支える公的年金

超高齢社会と人口減少によって、その財政基盤が厳しくなってきているとはいえ、日本は他の国に比べると、公的支援制度がまだまだ充実しています。

日本の医療保険は国民皆保険制度なので、健康保険料を払っていれば、義務教育就学後から満69歳までは、かかった医療費の3割負担で済みます。そして前期高齢者に該当する満70歳から満74歳までは2割負担、満75歳以上の後期高齢者だと1割負担になります。ただし前期高齢者、後期高齢者とも現役並みの所得がある人は、3割負担になります。

このように、かかった医療費に対して最大3割の自己負担で済むのは、日本の公的医療保険制度がしっかりしているからです。ちなみに米国の公的医療制度は、65歳以上の高齢者と障碍《しょうがい》者などを対象とする「メディケア」と、低所得者を対象とする「メディケイド」のみです。この2つの公的医療保険でカバーされない現役世代は、民間の医療保険でカバーする形になります。

日本で民間の保険会社が提供しているがん保険は、がんになった時に経済的な負担を手厚くカバーしてくれるメリットがあります。ただし個人的には、必要最低限の範囲でいいと考えます。公的医療保険が充実しているのに加え、高額療養費制度も併せれば、がんの入院治療にかかる医療費の大部分をカバーできるからです。したがって民間の保険に加入するに際しては、公的医療保険がどこまで保障の範囲なのかを把握したうえで、必要最低限のところを民間の保険でカバーするのが、もっとも賢い方法だと思います。

それと同じことは年金にも当てはまります。まず自分が加入している公的年金で、毎年の生活費がどこまでカバーされるのかを把握してください。そのうえで、もっと生活費がかかるという人は、公的年金では保障し切れない分を、資産形成によって補っていけばいいのです。

公的年金は、老後の生活の基盤を支えてくれます。たとえ株価が大暴落したとしても、あるいは大恐慌クラスの不景気が襲ってきたとしても、公的年金は淡々と支払われ続けます。これ以上に安定したキャッシュフローはありませんから、まずは公的年金がどういう仕組みなのかも含めて、全体像を把握するようにしましょう。

まずは「ねんきん定期便」に目を通してみよう

一体全体、自分は65歳以降、どのくらいの公的年金を受給できるのか。皆さんはきちっと把握できていますか。

たぶん大半の人が「知らない」と言うのではないでしょうか。

一方で、年金保険料を納めている人の元には毎年、お誕生日の月に「ねんきん定期便」という通知書がハガキで郵送されています。

チェック項目はそんなにたくさんあるわけではないし、見方も簡単です。結構、ねんきん定期便を開封することもなく、そのまま捨ててしまう人も少なくないと聞きます。ねんきん定期便は、どういう受け取り方をすれば、どのくらいの年金額になるのか概算が記載されています。この数字を把握しておくことは、自分自身の老後の生活設計を考えるうえで重要になってきます。

サンプルを用いて説明していきましょう。50歳以上の人に郵送されてくるものをサンプルにしてみました。

まず①の部分です。ここには65歳で満額受給できる時点における老齢年金の見込額が記載されています。65歳時点で192万7300円だとすると、これを12で割れば、1カ月分の公的年金支給額がわかります。この場合だと月額16万608円になります。

ところで老齢年金は65歳から受け取っても、もちろんいいのです。ただ、受給開始年齢を繰り下げることによって、見込額を増やすことができます。具体的に表の②を見てみま

令和6年度「ねんきん定期便」50歳以上（裏）

③年金保険料のこれまでの納付額が示されている

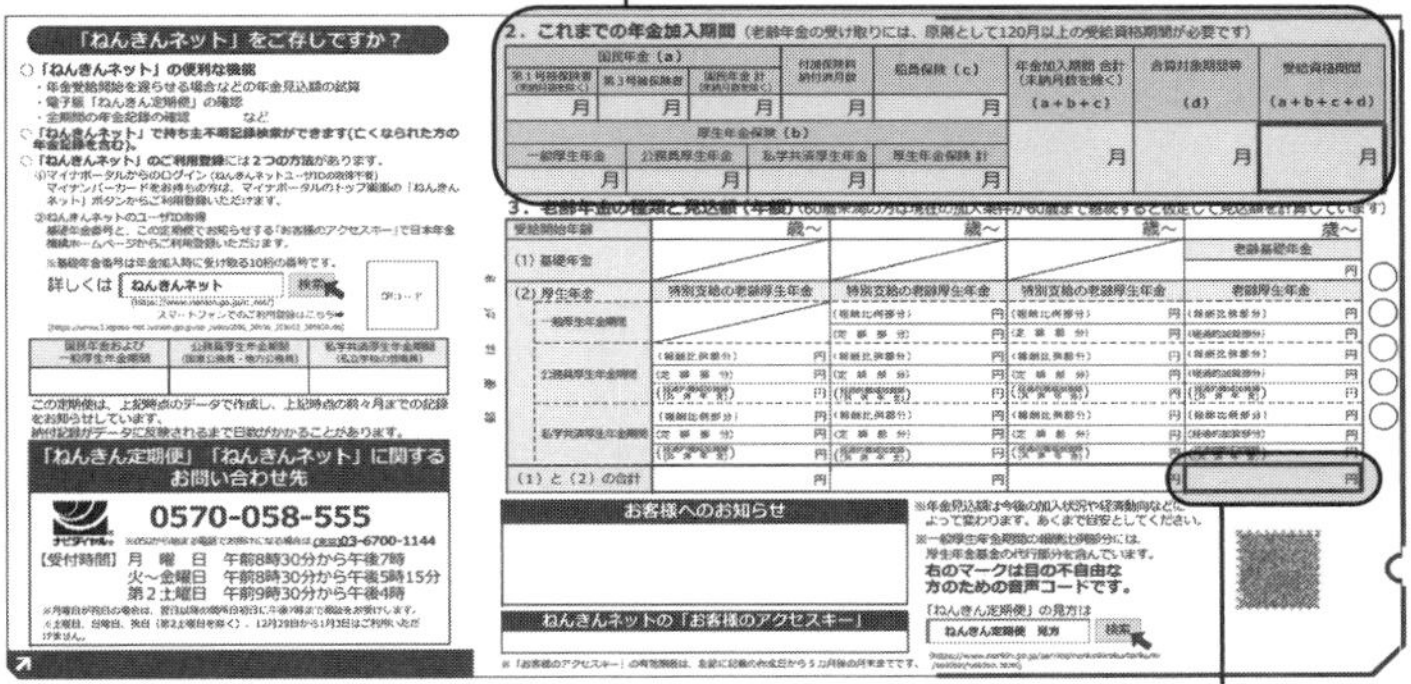

①65歳で満額受給できるようになった時の老齢年金の総額

令和6年度「ねんきん定期便」50歳以上（表）

②老齢年金の受取を繰り下げた時の受取額が表示されている

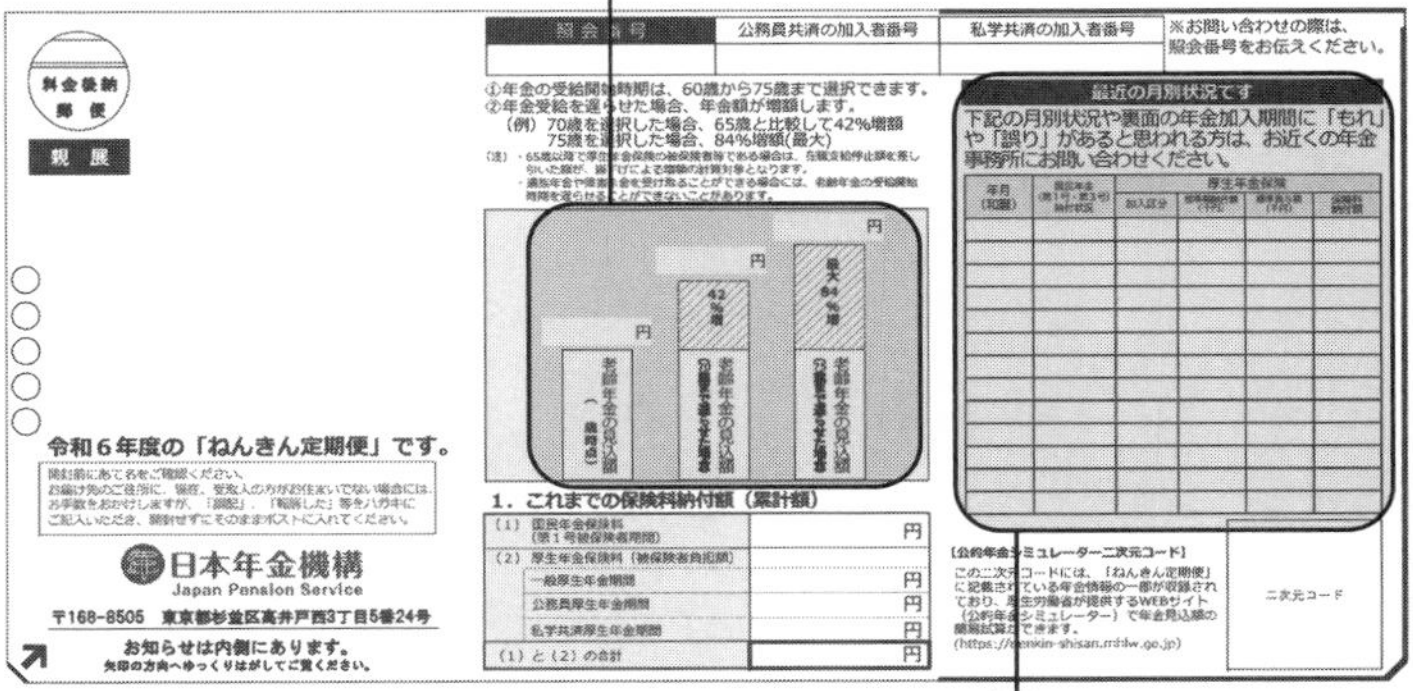

④直近の保険料の納付漏れがないかどうかを確認する

出所：日本年金機構「ねんきん定期便」

しょう。70歳まで遅らせることによって42%増、75歳まで遅らせることによって最大84%増になるのです。前出の65歳時点における満額の受給額が192万7300円だとすると、受給開始年齢を70歳にすることで273万6766円、75歳にすることで最大354万6232円と見込額が増えるのです。

ただし、これは本来、年金を受給できる期間に受給せず、受給開始時期を繰り下げている分だけ毎月の支給額が増えているだけのことです。どちらが有利だとか、不利だとかという話ではありません。

たとえば受給開始年齢を70歳まで繰り下げたにもかかわらず、72歳で亡くなってしまったら、確かに受け取れる年金の額は42%増えたとしても、わずか2年間しか受け取れなかったことになります。

これはあくまでも結果論に過ぎません。しかし現にそういうこともあるので、受給開始年齢を70歳、あるいは75歳まで繰り下げるかどうかについては、慎重に考えたほうがいいでしょう。

ここさえ見ておけば、後はそれほど重要ではありません。もちろん、表の③に記載されている「これまでの保険料納付額」を見ることによって、これまで支払ってきた国民年金保険料や厚生年金保険料の納付額がわかることや、表の④で記載されている「最近の月別状況」の一覧を見ることで、年金加入期間中に納付の「もれ」や「誤り」があるかどうかを確認できること、「老齢年金の種類と見込額」を見ることによって、自分がどの老齢年金を受け取れるのか、その額はいくらになるのか、といった点がわかります。ただし大事なのは、いつの時点で受給できる年金の額はいくらになるのかということだけです。その点においては、①の部分さえ確認しておけば十分だと思われます。

ちなみに、ねんきん定期便は毎年誕生日月に届くハガキ形式のものと、封書形式のものがあります。

封書形式のものは、加入者が35歳、45歳、59歳になった時に送られてきます。記載されている内容は、基本的にハガキ形式のものと同じで、加入履歴に関しては全期間のものが記載されています。

特に59歳になった時に送られてくる封書形式のねんきん定期便は、公的年金を満額受給するまでに残り6年です。全期間の加入履歴を確認して、誤りや疑問点などがないかどうかを確認してください。

公的年金の構造を理解しておこう

ここまで「公的年金」という言葉を用いてきました。「そもそも公的年金ってなに？」という人もいらっしゃると思います。そこで公的年金の仕組みについて、具体的に説明しておきたいと思います。

公的年金とは、国民基礎年金（国民年金）と厚生年金によって構成されています。国民年金は、20歳から60歳までのすべての人が加入を義務付けられています。20歳になった時、日本年金機構から加入案内が届きます。年金というと社会人になってから加入するイメージが強く、そのため20歳で大学生だと、つい加入することを忘れてしまったりするものです。国民年金の加入はあくまでも20歳からなので、忘れないことです。

大学を卒業して、公務員や会社員として働き始めたら、厚生年金に加入します。自営業者や、フリーランスで働いている人は国民年金のみに加入し続けることになります。したがって自営業者やフリーランサーが受け取れる年金は、あくまでも国民年金のみです。これに対して公務員や会社員として働き、60歳まで厚生年金に加入し続けた人は65歳以降、国民年金と厚生年金の両方を受け取れることになります。

建物に見立てると、国民年金が1階部分、厚生年金が2階部分になります。また、これらに加えて「企業年金」といって、その制度を導入している企業に勤めている人のみ、3階部分を持つことができます。その分だけ、受け取れる年金も増えるのです。

では3階部分に該当する企業年金とは、どういうものなのでしょうか。

企業年金は現状、3つの制度が併存しています。勤務先の企業が、これらのうちいずれの制度を導入しているかによって、どのタイプの企業年金になるのかが決まります。

その3つとは、

①企業型確定拠出年金（DC）

②確定給付企業年金（DB）

③厚生年金基金

です。

ただし③の厚生年金基金は超低金利、株価低迷などによって運用利回りが悪化し、解散するところが増えました。2013年時点で531基金あったのが、2024年時点では5基金しか存続していません。ちなみに厚生年金基金の数は1990年代にピークとなり、実に1800以上の基金が存在していました（出典：企業年金制度の現状等について〈厚生労働省、第20回社会保障審議会企業年金部会〉）。

このように解散が相次いで基金数自体が大幅に減るなか、2014年以降は、厚生年金基金の新設が認められなくなったため、今後、さらに基金数が増えることはありません。厚生年金基金はその役目を終え、今や企業年金といえば、企業型確定拠出年金と確定給付企業年金のいずれかになっています。

では②の確定給付企業年金（DB）とは、どのような仕組みの年金なのでしょうか。

まず「確定給付」と言われるように一度、労使間で定めた給付内容が変動することはありません。積立金は企業が責任をもって運用します。ただし運用結果が悪い場合は、企業が不足分を補うことになります。将来の受取額が確約されているため、老後に受け取るキャッシュフローが変動せず、老後の生活設計を立てやすいという声があります。この安定感が好感されているのか、企業年金のなかでももっとも多く利用されているとされています。

これに対して①の企業型確定拠出年金（DC）は、企業が社員向け福利厚生の一環として導入している企業年金制度です。将来、社員が年金として受け取る積立金は企業に拠出してもらえても、その運用は社員各人が自分で運用先を選ばなければなりません。運用先は預金や保険などの元本確保型商品と、投資信託を中心とする価格変動型商品が用意されており、複数の商品を組み合わせて運用します。

そして一定期間が経過した後、一時金か年金方式のいずれかによって、運用してきたお金を受け取ります。

つまり将来の年金額は、自分が選んだ運用先の成績によって増えたり減ったりするのです。

「将来、自分が受け取る年金の額が増えたり減ったりするのを見ているのは耐えられない」という人は、投資信託ではなく、預金や保険で構成された元本確保型商品で運用すればいいのです。ただし元本確保型商品はインフレに弱いというデメリットがあります。

いずれにしても確定拠出年金での運用は長期になるので、多少運用のリスクがあったとしても、長期的に資産の評価額を大きく増やしてくれる可能性の高いもので運用するのが合理的でしょう。

国民年金、厚生年金、企業年金という3つの年金について説明してきましたが、3階部分も含めてすべての制度をフル活用できるのは、民間企業に勤めている会社員であることがわかりました。

公務員の場合、国民年金と厚生年金に加入できても、企業年金までは加入できません。ましてや個人事業主やフリーランサーは、国民年金にしか加入できないので、体力がなくなったり、高齢になったりして働けなくなった時には、受け取れる公的年金の額が少なくなり、厳しい生活を余儀なくされるリスクにさらされます。

そこで自営業者やフリーランサーでも、老後にある程度、手厚い年金を受け取れるようにすべく設けられているのが、個人型確定拠出年金、通称イデコ（ｉＤｅＣｏ）なのです。ｉＤｅＣｏについては次章で詳しく説明しますが、要するに「自分で積立金を拠出して、自分で運用先を選び、一定期間運用して、その成果とともに将来、年金として受け取っていく」制度です。別段、個人事業主向けの制度というわけではなく、民間企業に勤務する会社員や公務員でも利用でき、専業主婦も自分だけの年金をつくることができます。

繰り上げ受給と繰り下げ受給

公的年金の満額受給開始年齢は65歳からです。また65歳の時点で受給せずに70歳、75歳に受給開始年齢を繰り下げれば、年間の受給額は70歳で65歳受給に比べて42％、75歳なら84％増になります。

ただ問題は自分自身がいつ亡くなるのかについては、誰にもわからないことです。70歳までは何とかして働いて収入を確保し、70歳から公的年金を受給しようと思ったのに、68歳の時に不慮《ふりょ》の事故で亡くなってしまったら、何のための繰り下げ受給かわからなくなってしまいます。また、夫が65歳から年金受給をしているなかで亡くなった場合、妻が受け取る遺族厚生年金は、繰り下げしない本来の年金額で計算されます。

ちなみに繰り下げ受給は、月単位で繰り下げていくことができます。基本的に1カ月繰り延べるごとに受給額が0・7％ずつ増え、最大で84％増額されます。そして繰り下げ受給によって増額された分は受給開始後、一生続きます。

年金を繰り下げ受給したほうが得なのかどうかという点は、雑誌などでも話題に上るテーマのひとつのようです。これは実際に計算してみるとわかるとおり、65歳から年金を満額受け取れる人が受給開始年齢を70歳まで繰り下げた場合、受給した年金額が65歳から受給した時の額を超えるのは81歳です。75歳まで繰り下げた場合だと、86歳になります。

日本人の平均寿命は今も年々伸びています。厚生労働省の令和4年簡易生命表によると2023年の日本人の平均寿命は、男性が81・05年、女性が87・09年になっていますから、女性なら何とか届きそうにも思えます。ところが損益分岐点を超える時点で男性は平均寿命に到達していません。長生きできる自信がない人は、普通に65歳になってから年金を受給してもいいのではないかと思います。

では、逆に繰り上げ受給するのはどうでしょうか。繰り上げ受給は本来、65歳から満額受給となる公的年金の受給開始年齢を、60歳に向けて1カ月ずつ繰り上げていくことです。繰り上げ受給する場合は、受給開始年齢を1カ月繰り上げるごとに、年金額が0・4％ずつ減額されていきます。満60歳になった時から受給する場合は、65歳で満額受給する際の額に対して24％減額されます。

満額が月15万円だとすると、60歳からの繰り上げ受給で受け取れる年金月額は11万４００円になってしまいます。

そして、これが65歳以降も一生続きます。もし繰り上げ受給を選択するのであれば、減額された年金額で生涯、十分に生活できるかどうかを慎重に考える必要があります。

なお、繰り上げ請求を行う場合は、請求書を最寄りの年金事務所、または年金相談センターに提出します。手続きを行った時点で減額率が確定し、その翌月分から減額された年金が支給されることになります。また言うまでもありませんが、繰り上げ受給をする場合は、満額受給となる65歳よりも前のタイミングで行うことになります。

一方、繰り下げ受給をする場合は、特に手続きは必要ありません。

年金は受け取る権利が生じた時に、自動的に支給されるものではなく、自分で年金の請求手続きをする必要があるからです。

年金の受給権が発生する人には、開始年齢に達する3カ月前に受け取るために必要な「年金請求書」が送られてきます。この請求書に添付されている年金加入記録を確認し、「もれ」や「誤り」がないことを確認したうえで、受給開始年齢の誕生日の前日以降に、年金事務所に書類を提出します。

老齢基礎年金と老齢厚生年金の両方を繰り下げ受給したい場合は、この年金請求書を提出しなければいいだけです。そして自分が受給したいという時期が来たところで、年金請求書を最寄りの年金事務所や年金相談センターに提出すれば、翌月分から受給できるようになります。

国民年金だけの人が今からできる年金増額術

厚生年金を受給できる会社員は、勤務先次第で企業年金も充実しています。それらをフルに活用することで、ある程度、老後の生活に必要なキャッシュフローを確保できます。問題は自営業者やフリーランサーです。基本的に国民年金にしか加入していない人が多いと考えます。そして国民年金だけでは、65歳から満額受給ができたとしても、大した金額にはなりません。年額にして75万円程度でしょう。

ということは、月額にして6万2500円。もちろん自営業者やフリーランサーになる前に、10年あるいは20年くらい会社員として厚生年金に加入していれば、その分が受給額に反映されるので、まだ多少なりとも年金額が増額される可能性はあります。しかし最初から自営業者だったりすると、月額にした時の年金受給額は、驚くほど少額にしかならないはずです。

したがって、現時点で国民年金にしか加入していない人は、さまざまな方法で老後の生活に必要な資金を確保する方法を考えなければなりません。また、それらの方法が税金面でもメリットのあるものなら、なお良いでしょう。

ここでは4つの方法を紹介したいと思います。

まず第一の方法は、前述した**繰り下げ受給を活用**することです。ただ、その注意点はすでに説明したように、損益分岐点に達するまでに、ある程度の年数を必要とすることです。長生き家系なら利用してみる価値はあるかもしれません。それでも一長一短といったところでしょうか。私自身は少なくとも70歳までは働くつもりなので、65歳から受給する予定はありません。

第二の方法は**確定拠出年金の活用**です。自営業者の場合、企業型確定拠出年金には加入できませんが、そのためにあるのが個人型確定拠出年金（ｉＤｅＣｏ）です。

自営業者の場合、ｉＤｅＣｏへの拠出限度額は月額6万8000円まで認められています。これは、厚生年金に加入している第2号被保険者や、専業主婦などの第3号被保険者の拠出限度額に比べて高めに設定されています。ちなみに厚生年金に加入している人で、勤務先に企業型確定拠出年金や確定給付企業年金がない場合は、月額2万3000円がiDeCoの拠出限度額になります。

自営業者なら、この制度を存分に活用するべきでしょう。現在、iDeCoは65歳まで積み立てることができるので、50歳で加入したとすると、積立期間は15年間になります。もし満額拠出し続けることができれば、元本部分だけで1224万円になります。これに運用のリターンが加われば、ある程度の老後資金をつくることができるでしょう。自営業者にとってiDeCoは、老後の資産をつくるうえでとても有効な手段と思われるので、是非とも検討してみてください。

第三の方法は**国民年金基金への加入**です。iDeCoと国民年金基金を併用することが認められているので、これも選択肢のひとつではあるのです。ただし問題は「iDeCoと国民年金基金を合わせた拠出金額が月6万8000円」を上限にされてしまうことです。つまり、国民年金基金の拠出金額が月5万円だとすると、iDeCoの拠出金額は月1万8000円までしか認められないのです。

国民年金基金に加入すれば、掛金の全額が所得控除の対象になるメリットはあるものの、iDeCoも掛金は所得控除の対象になり、運用益に対する税金も非課税です。さらに言えば、自分の選択次第で高いリターンが期待できる投資信託での運用も可能です。これらを総合的に考えれば、iDeCoへの拠出金額を削ってまで国民年金基金に拠出するくらいなら、iDeCoだけで運用したほうが有利になるのではないかと考えます。

そして第四の方法は、**小規模企業共済の利用**です。小規模企業の経営者が、自分の退職金をつくるために加入する制度です。月々の掛金は1000円から7万円の範囲内で自由に設定できます。しかも、その全額を課税所得から控除できるため、高い節税効果も期待できます。

ただしiDeCoのように、自身で運用することによって得られるリターンは期待できません。それでも着実にお金を貯めることができます。共済金の受け取りは退職・廃業時で、満期や満額がありません。経営者として会社のかじ取りを続けている限り、ずっと積立を続けることができるのです。

なお、共済金の受け取り方は「一括」、「分割」、「一括と分割の併用」という3つがあります。一括受け取りの場合は退職所得扱いに、分割受け取りの場合は公的年金等と同様に雑所得扱いになりますから、受け取り時にも税制メリットを享受できます。

小規模企業共済は、iDeCoとはまったく別枠での制度になるため、国民年金基金のように、併用する場合の拠出金額に上限が課せられることはありません。iDeCoの拠出金額として満額の月6万8000円と、小規模企業共済に月7万円を掛けることもできるのです。

国民年金しか加入していない自営業者やフリーランサーが老後資金を確保しようとするならば、国民年金にiDeCoと小規模企業共済を組み合わせるのが最適かもしれません。

受給できる年金額と必要な生活費の差額を把握する

現在、50歳前後の方々が今後数十年を生きていくには、お金が必要です。そのお金を多くの人たちは年金で賄おうとします。

では、実際問題、公的年金で生活費のすべてを賄うことができるでしょうか。

第2章でも触れた総務省が集計・発表している「家計調査」の数字を用いて考えてみましょう。

60歳以降の消費支出額を年齢階層別にみると、次のようになります。この数字は、「2人以上世帯」の1カ月あたりの金額です。

- **60〜64歳**………31万1453円
- **65〜69歳**………30万1705円
- **70〜74歳**………27万2657円

- 75～79歳………24万５１０７円
- 80～84歳………22万４６４８円
- 85歳以上………22万８６８５円

次に、単身世帯の消費支出です。単身世帯は2人以上世帯に比べて細かく数字が出ていないので、以下のような数字のみになります。

- 60歳以上………15万２７４３円
- 65歳以上………14万９０３３円

前出の2人以上世帯と比べればわかるとおり、2人で暮らすよりも1人のほうが支出は少なくて済みます。住まいだって小さくて十分ですし、食べる量も少なくて済みます。何をするにしても1人なので、2人以上の家庭に比べれば、コスト全般を低く抑えることができます。

ただし、ひとつだけ問題があります。単身者世帯である以上、働いて稼ぐお金は、二馬力を駆使できる世帯に比べて少なくなる点です。

もちろん、単身者でも毎月１００万円単位で稼げる人は2馬力、3馬力分の稼ぎがあるわけで何も問題はありません。そうではなく普通に会社員勤め、たとえば中小・零細企業に勤めている人や、自営業、フリーランサーの多くは、その月によって収入のブレが大きくなる場合、絶対的な収入の額自体が少なくなる可能性を考慮する必要があります。

では、実際に65歳を超えてからの年金受給額は、平均でいくらになるのでしょうか。厚生労働省が公表している「令和４年度　厚生年金保険・国民年金事業の概況」によると、厚生年金加入者の年金額が月額平均で14万３９７３円でした。ちなみに男女別に見ると、65歳以上で受け取れる年金額（月額）は、男性が16万７３８８円、女性が10万９１６５円でした。また国民年金の場合、男女の別による年金額の差は基本的に生じず、平均月額は５万６４２８円です。

これらの数字から、世帯のタイプ別による年金額の概算値を計算すると、

- **夫婦世帯**（夫婦ともに厚生年金加入で共働き）……………27万６５５３円
- **夫婦世帯**（夫が厚生年金加入で妻が専業主婦）……………22万３８１６円
- **単身者世帯**（男性　厚生年金加入）……………16万７３８８円
- **単身者世帯**（女性　厚生年金加入）……………10万９１６５円
- **単身者世帯**（男女　国民年金加入）……………５万６４２８円

夫婦２人暮らしの場合、65歳から69歳までの消費支出が月額30万１７０５円なので、もし夫婦ともに厚生年金加入の場合で月２・５万円程度の赤字。夫が厚生年金に加入していても妻が専業主婦の場合は、月８万円程度の赤字が出ることになります。

さらに厳しいのは単身者世帯です。65歳以上の消費支出額が14万9033円なので、厚生年金に加入している男性は辛うじて黒字なのに対して、厚生年金加入の女性は月4万円程度の赤字になります。もっと厳しいのは国民年金加入者のケースです。月5万6428円の受給額では、たとえ単身者世帯であったとしても、とても生活していけません。

また、国民年金受給者同士で結婚したとしても、1カ月の年金受給額は11万2856円ですから、2人以上世帯の消費支出額には遠く及ばないのが実情です。だからこそ自営業者、フリーランサーは若いうちからiDeCo、NISA、小規模企業共済などをフル活用して、老後に備えた資産形成をしっかり行うことが大事になってくるのです。

第4章

NISAとiDeCoを使い倒そう

老後のお金は自分でつくる

老後の生活費のベースは公的年金を充てるのが基本です。もちろんそれだけでは足りないという人はいるでしょう。また、自営業者やフリーランサー、転職を繰り返していて、公的年金がほとんど期待できない場合はなおのこと、自分で老後の生活に必要なお金をつくらなければなりません。

もちろん毎月の収入のなかから一定金額を貯めていくわけです。ここで問題になるのが収入と支出のバランスです。

従来、50代は「貯め頃」などと言われていました。昔ならすでに子供が巣立ち、自分自身も50歳になって、会社ではある程度のポジションに就き収入も増えて、自分自身の老後に必要なお金を貯める、ラストスパートの時期と考えられていたのです。

しかし、今は決してそうではありません。晩婚化・晩産化によって、50代半ばになっても子供の教育費がかかる。親の介護にも関わらなければならない。50代半ばになった途端、役職定年を迎えて収入が減ってしまう。そもそも経済が低成長になり、収入が思うように増えない。支出は重くなる一方では、思うように老後の資産を築くことができない。

そんなお金の悩みを抱えている人は、結構いるのではないでしょうか。

その手の悩みを解消するためのひとつの方法として第2章で触れたように、働く時間を先に延ばしながら生活に潜んでいる無駄を省くことによって、お金を生み出してみてはどうでしょうか。

失礼な物言いに感じたら申し訳ないのですが、50代になって出世も期待できない状況であれば、キャリアアップして収入を増やすことは、あまり現実的ではないと考えます。今の自分にできることは何かを考えることが大事です。

今の自分にできること。それは資産運用も同じです。

資産運用というと、株式投資やFXなどがまっ先に頭に浮かぶかもしれません。それと同時に、脳裏《のうり》をかすめるのは、「難しそうだし、面倒だし、そもそもお金が減ったらどうするの？」という思いではないでしょうか。

それは資産運用ではなく、ギャンブルに近い投機のことを思い浮かべているからです。

投機はギャンブルと同じで、単なる偶然性にベットして、お金を増やそうとする行為です。偶然性にベットするわけですから、再現性はどこにもありません。儲かるかもしれないし、損をするかもしれません。投機で資産を築くことは堅実な方法ではないのです。

その点、資産運用はいくつかの約束事をしっかり実践し、長期的に成長が期待できる資産への投資ができれば、その時々のマーケット環境によって多少資産が減ることはあるものの、幾度となく増減を繰り返しながら、徐々に資産が増えていくことが期待できます。「どんな約束事?」と疑問に思う人もいるでしょう。簡単なことです。「長期」、「積立」、「分散」という3つのルールを実践すればいいのです。そうすれば、投資に関する深い知識など持っていなくても、誰にでも資産を築くことができるのです。

「長期」、「積立」、「分散」の極意

投資にはいくつかの「リスク」があります。具体的には価格変動リスク、信用リスク、流動性リスクです。

価格変動リスクは値動きによって損失を被るリスクであり、信用リスクは投資対象の財務内容が悪化して経営破綻するリスク、そして流動性リスクは好きなタイミングで売り買いができなくなるリスクを意味します。

これらはいずれも投資金額を毀損《きそん》することにつながります。なかでも日常的に投資家が意識せざるを得ないリスクが、「価格変動リスク」です。これに対して信用リスクは、株式や債券の発行体の財務内容が極端に悪化した時しか意識しません。流動性リスクも、よ

ほど取引高が薄い投資対象に投資する場合や、新興国に投資する場合など、やや特殊な環境で投資する時くらいしか意識しません。

でも、株式などの有価証券の値動きは日々生じますから、価格変動リスクは恒常的に意識することになります。当然、ＮＩＳＡやｉＤｅＣｏを通じて購入する投資信託にも、それは当てはまります。そのため投資信託を購入するに際しては、これから説明する３つのルールをしっかり守る必要があります。リスクについては１４９ページにまとめてありますので、ご確認いただければ幸いです。

「長期」「積立」「分散」の３つのルールについて少し詳しく説明していきます。

この３つのルールでもっとも大事なのは、「分散投資」です。分散投資とは、まさに文字どおり、さまざまな資産にお金を分散させて保有することです。

たとえば日本株を持つのと同時に海外株を持つ「地域分散」。日本株のなかでも自動車メーカーに投資するならば、同時に商社にも投資してみる「銘柄分散」。株式を保有するならば、同時に債券やコモディティ（商品）にも投資してみる「資産分散」。このように、国内外の性質の異なる複数の資産へ運用資金を分散させるのです。

分散投資のメリットは、いずれかの資産が値下がりしたとしても、他に値上がりしている資産があれば、損失を相殺《そうさい》できることにあります。

たとえば日本の株式市場が下落していても米国の株式市場が値上がりしていれば、日本株の下落によって被《こうむ》る損失分を多少なりとも軽減できます。あるいは日本の自動車メーカーの株価が下落している一方で、日本の商社の株価が値上がりしていれば、下落分を商社株の値上がりで相殺できます。

リーマンショック級の金融恐慌に直面した場合は、多くの資産が値下がりしてしまう可能性もあります。それでもこのような事態に直面するのは本当に稀です。

それ以外の時にも多少、マーケットの変動はあります。ただし適切に分散投資ができていれば、大きな値下がり損を被るリスクは軽減できると考えます。

問題は、何に分散投資するのが効果的なのかです。でも心配はいりません。誰でもプロの投資家並みに分散投資できる方法があります。それは「投資信託」という金融商品を購入することです。投資信託に関する説明は後述しますので、まずここでは、「投資信託を買えばプロ並みの分散投資効果を得ることができる」とだけ、覚えておいてください。

次に「長期投資」です。文字どおり、長い時間をかけて投資し続けることです。

もちろん、投資する時間を長くしたからといって、投資対象のリスクが軽減されることはありません。ソニーの株式が持っているリスクは、ソニーの株式を保有する期間の長短によって変わるものではありません。

ただ運用期間を長期にすることで、値動きのバラツキを抑える効果は期待できそうです。極端な例を用いてみましょう。株価は時々刻々と変動しています。値上がりすることもあれば、値下がりすることもあります。仮に連続する10分間のなかで、値上がりしたのか、値下がりしたのかを計測していくと、値上がりしたのと同じくらいの回数で値下がりすると思います。

ところが、これを連続する20年で計測すると、ほとんどの回数においてプラスのリターンになります。短期間で見ると、リーマンショックのような要因で一時的に株価が下がる局面はあるものの、長期間なら経済は徐々に成長し、株価も値上がりしていくからです。少なくとも、これまでの世界経済はその流れで今に至っています。したがって、たとえば1日ずつ計測期間をずらしながら、20年間の株価のリターンを計算すると、ほとんどの期間においてリターンはプラスになっていくはずです。実際に金融庁監修つみたてＮＩＳＡハンドブックのグラフから２００１年から20年間毎月１万円を投資した場合の効果を確認することができます（次ページ図参照）。

そして３つ目のルールが「積立投資」です。

正直なところ、積立投資も絶対に正しいとは限りません。長期的に今後も株価が値上がりすると信じられるのであれば、現時点でまとまった資金を投入して投資したほうが20年

長期・積立・分散投資の効果（株式の場合）

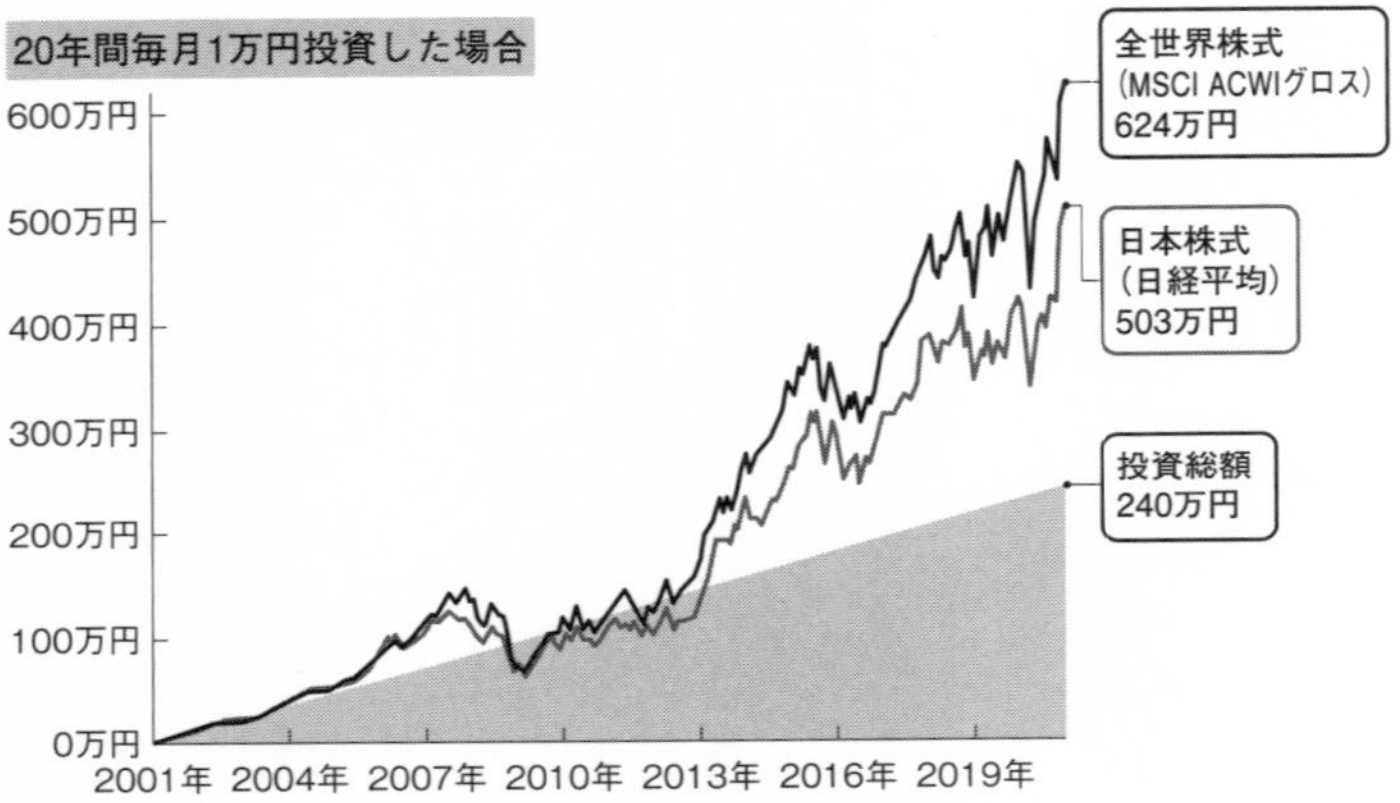

Bloombergをもとに金融庁作成　［期間］2001年1月〜2020年12月
※株価指数に直接投資することはできません。データは投資コスト、税金などを考慮していません。
※これは過去の実績をもとにした算出結果であり、将来の投資成果を予測・保証するものではありません。出所：金融庁　積立NISAハンドブック

後、30年後のリターンは大きくなるはずです。

これは実際に自分で線を引いて考えると、よくわかります。紙に、右肩上がりの一本線を描いてみてください。そして、その線上にポイントを打っていきます。そのポイントが、投資対象を購入したタイミングです。右に行くほど、新しい購入タイミングになります。

すると、後のタイミングで買った時ほど、値上がり益は少なくなることがわかります。結局、積立投資した時の購入価格を平均すると、それによって得られるリターンは、一番価格が安い時に一括購入した時より

も低くならざるを得なくなります。

積立投資のメリットを挙げるとしたら、それはベストとは言えませんが、誰でもベターなタイミングで投資できることです。

基本的に投資は、値上がりする可能性の高いものに資金を投じるものです。どのタイミングで買うのが良いのかというと、価格が下がっている時です。ただし、これは投資家心理のひとつとして、下がっている時は「もっと下がるんじゃないか」という意識が働き、なかなか買えません。逆に値上がりしている時は、「もういい加減、値下がりするだろう」などと思っているうちに結局は買うことができず、さらに値上がりしてしまう状況に直面することがあります。

投資は、ひとまず買わなければリターンが得られません。そうであるにもかかわらず、下がれば買えず、上がれば買えないのでは、いつまで経っても資産形成をすることができません。そうならないために毎月定期的に、決まったタイミングで少しずつ積立投資をするのが、結局のところベターな投資の方法になるのです。

いささかトーンダウンするような言い方で恐縮です。でも「長期」、「積立」、「分散」を心がけて投資したとしても、絶対に儲かるという保証はできません。ただし少なくとも「短期」、「一括」、「集中」で投資した場合のほうが、投資の知識や腕をまったく持っていない人でもはるかにリスクを回避しつつ、資産形成できるはずです。

非課税制度を使わないと損

資産運用でリターンが大事なのはもちろんです。ただ意外と無視できないのが税金です。証券会社に口座を開いて株式を買い、一定期間後に売却して値上がり益を得た場合、その値上がり益に対して税金がかかってきます。

証券会社は3つの口座があり、自由に選ぶことができます。その3つの口座とは「一般口座」、「特定口座」、「NISA口座」です。

一般口座は、ひとつひとつの取引について自分で損益を計算し、確定申告する必要があります。いささか手間がかかるため、個人で一般口座を利用している人は、かなりの少数派でしょう。

大半の人は「特定口座」を利用しています。特定口座では「源泉徴収あり」と「源泉徴収なし」を選択できます。前者は証券会社が損益を計算したうえで、利益の20・315%が源泉徴収されます。したがって、個人が自分で確定申告する必要がありません。

対して特定口座の「源泉徴収なし」を選んだ場合は、自分で確定申告する必要があります。手間ヒマがかかることを考えれば、源泉徴収ありを選択したほうが良いでしょう。

一般口座と特定口座は、売買益や配当金に対して課税されるため、「課税口座」とも言われています。これに対して2014年からスタートし、2024年1月に大幅な制度改正が行われたのが、非課税口座である「NISA口座」です。

NISAの場合、株式の売買益と配当金、投資信託の値上がり益と分配金に対して、本来なら徴収されるはずの税金を払わずに済みます。

たとえば100万円を運用して150万円に増えたとしましょう。これを特定口座で保有していた場合、50万円の利益に対して20・315%が徴収されるので、税額は10万15 75円です。つまり手取りの利益は39万8425円です。100万円を運用して得られたリターンは、税引後が39・84%なので、もし税金が取られなければ、リターンは50%にまで上がります。

数字を並べて見比べてください。

39万8425円

50万円

これ、物凄く大きな差です。正直、こんなに税金が取られるのかと思います。それを非課税にしてしまうのが、NISAなのです。これを利用しない手はありません。

証券口座

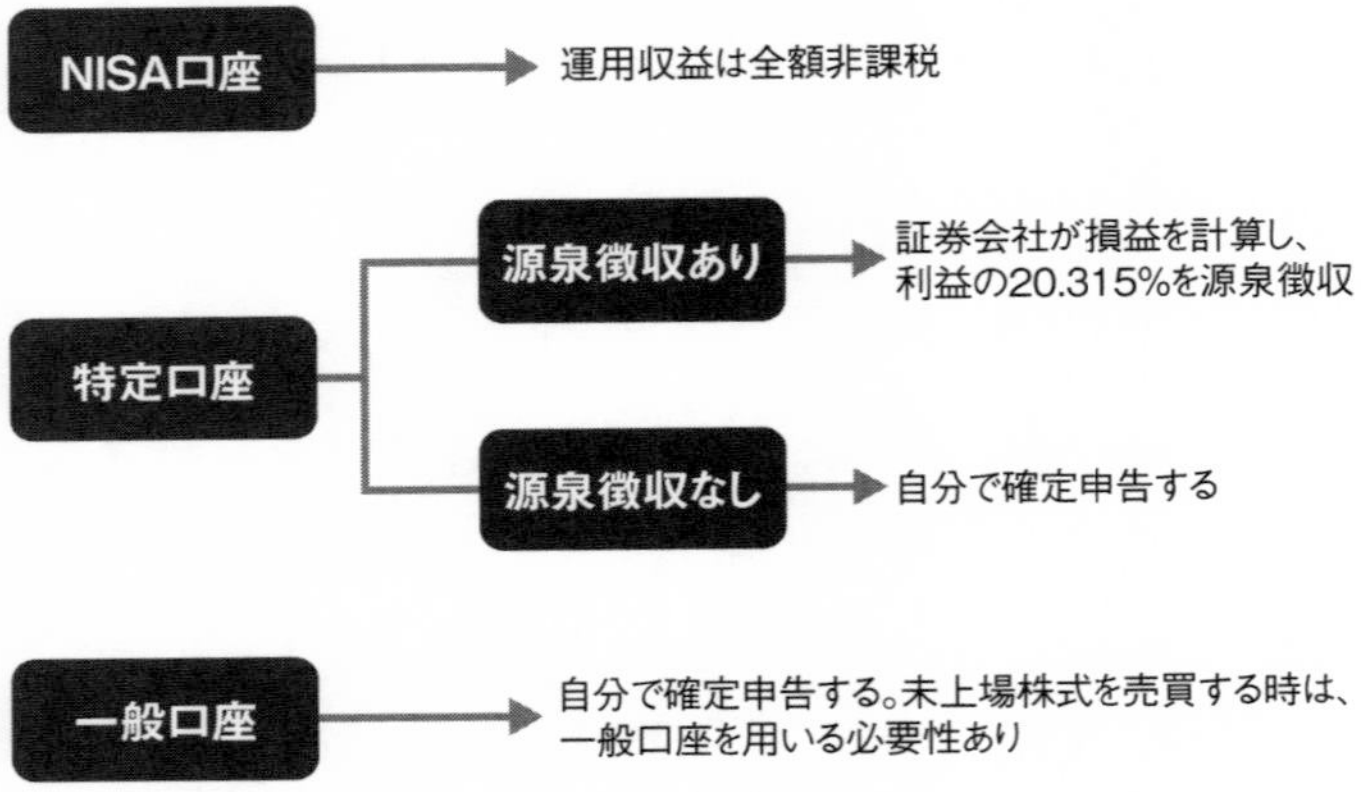
NISA口座
運用収益は全額非課税
特定口座
源泉徴収あり
証券会社が損益を計算し、
利益の20.315%を源泉徴収
源泉徴収なし
自分で確定申告する
一般口座
自分で確定申告する。未上場株式を売買する時は、
一般口座を用いる必要性あり

出所：セゾン投信作成

ちなみにＮＩＳＡで運用益を非課税にできる投資金額は、非課税保有限度額（総枠）として１８００万円までと決められています。ただし１人１口座ですから、もし夫婦でＮＩＳＡ口座を持てば、一家で３６００万円もの非課税枠を取得できます。

それだけでは足りないという人は、他の非課税制度も併用すると良いでしょう。ＮＩＳＡとは別の非課税制度として確定拠出年金があります。

前述したように確定拠出年金には、企業型と個人型があります。よく「ｉＤｅＣｏ（イデコ）」と称されているのは、個人型確定拠出年金の愛称です。

確定拠出年金は、企業型と個人型によって月々の拠出限度額が変わってきます。

企業型の場合、勤務先である会社が毎月、いくら拠出してくれるかによりますが、現在の拠出限度額は月5万5000円です。企業型確定拠出年金のみを実施し、他に確定給付型企業年金などを実施していない会社が該当します。この場合の加入者掛金の平均は月額9844円でした（加入者掛金の平均（出典：確定拠出年金実態調査結果〈2022年度決算・概要版、企業年金連合会〉）。

つまり多くの企業は月1万円弱の掛け金を拠出して、それを社員が自分で投資先を判断して運用しています。

次に個人型です。これは自分が加入している公的年金の種類によって、月々の拠出限度額が変わってきます。

自営業者やフリーランサーなど、国民年金に加入している第一号被保険者の拠出限度額は月6万8000円までです。もし1年間フルに払い込めば、81万6000円ずつ積み立てられます。

厚生年金に加入している第二号被保険者は、細かく分かれていて企業型確定拠出年金と、確定給付企業年金のいずれにも加入していない人の場合は、月額2万3000円が拠出限度額になります。さらに第三号被保険者といって、いわゆる専業主婦の場合も、月額2万3000円までiDeCoを用いた非課税運用が可能になります。

NISAと確定拠出年金はどちらを使えばいいの？

このように運用益に対して税金を取られない制度があるのですから、フル活用しない手はありません。

では、どちらを使うほうがいいのでしょうか。

これは私もよく質問されることなのですが、月々の生活費にゆとりのある人ならば、両方とも使って、できる限り多くのお金を非課税で運用するのがお勧めです。

至極当然のことなのですが、どちらを選べばいいのかで悩むのは資金的な余裕がない人です。毎月、資産形成に回せるお金が2万円程度という場合、いちいちNISAと確定拠出年金のどちらを使うが悩まずにNISAを選ぶのがいいでしょう。なぜなら確定拠出年金に比べてNISAのほうが、何かと使い勝手が良いからです。

ただし、例外のケースもあります。それは、勤務先が企業型確定拠出年金を実施している場合です。これは会社の福利厚生の一環ですから、いただける権利は享受しておくべきでしょう。

それに企業型を実施している会社で働いている場合、「自分は個人型を使いたいので、企業型は必要ありません」などと言って断ることはできません。つまり、否応なしに確定拠出年金で運用することになります。これはこれで使わせてもらい、それにＮＩＳＡを加えて、非課税運用の額を大きくすればいいのです。

では、なぜＮＩＳＡのほうが使い勝手がいいのか、説明しておきましょう。

運用益が非課税になるのは、確定拠出年金もＮＩＳＡも同じです。ただ確定拠出年金の場合、それまで積み立てたお金を受け取る際に、一時金としてまとめて受け取るか、それとも年金方式で受け取るかを選ぶことができます。ただし、それぞれについて異なる税金が適用されます。

前者は退職所得控除（出典：「暮らしの税情報」〈令和5年度版、国税庁〉）が使えるので、一時金から退職所得控除を行ったうえで、その控除枠からはみ出た金額の2分の1が課税対象になります。課税されるとはいえ、退職所得税は１０００円から１９４万９０００円までに掛かる税率は5％です。１９５万円から３２９万９０００円までが税率10％で、さらに９万７５００円の控除がありますから、いずれにしても多くを税金で取られることにはなりません。

かつ、ｉＤｅＣｏであれば、拠出金の全額を所得控除できる税制メリットがあります。企業型の場合は、基本的に会社が拠出金を払うため、会社にとっては損金扱いにできるという税制メリットがあるものの、個人には税制メリットがないのです。

このように考えると、トータルの税制メリットは、ひょっとするとiDeCoがもっとも有利かもしれません。

ただ、確定拠出年金は企業型も、またiDeCoも中途解約が非常に困難で、一定の条件を満たす必要がある厳しい制約があります。

この点、NISAはいつでも解約できる手軽さが魅力です。もちろん、だからといって短期売買をお勧めするわけではありませんが、いつでも解約できます。これは不意の資金需要が生じた場合に、保有している金融資産の一部を取り崩すのに非常に便利です。

これがもし、毎月最大限の金額をiDeCoに拠出して年金を積み立てた場合を考えてみます。その途中で大きな資金需要が生じたりしたら、iDeCoで積み立てている金額は解約が困難なので、他の資産を売却して支払いに充てなければなりません。iDeCoで非課税運用する場合は、60歳の受取開始年齢に到達するまで、運用資金はないものとして考える必要があります。

あと、どのくらいの期間、積み立てられるのかによっても有利、不利が違ってきます。

NISAの場合、1800万円という上限額に達しない限り、年齢に関係なく積み立てていけます。これに対してiDeCoの場合は制度改正によって、掛け金の拠出可能年齢が引き上げられたものの、それでも65歳未満までしか拠出できません。

50歳になってから老後のお金を増やそうと一念発起して、NISAかiDeCoで資産形成しようとした場合、どちらが有利かを考えてください。自営業者がiDeCoで毎月、限度額いっぱいの6万8000円を拠出して、65歳になる直前まで積み立てた場合、積み立てられる金額は1142万4000円です。どれだけ頑張っても、ここまでの金額しか積み立てられないのです。

この点、NISAは限度額一杯まで積み立てたとすると、1800万円までいけます。両者とも今後どのような制度改正が行われるのか、あるいはまったく行われないのか、そこは何とも言えません。しかし現行制度で比較する限り、こと50歳からの資産形成にふさわしいのは、やはりNISAだと思うのです。

では、NISAとiDeCoの留意点について、解説していきたいと思います。特にNISAに関しては、すでに類書が山のように出版されており、そこで仕組みの説明が書かれているので、本書ではそこに深く言及することはしません。その点だけご理解ください。

NISA編

成長投資枠とつみたて投資枠をどう使い分けるか

ＮＩＳＡには2つの投資枠があります。**「成長投資枠」**と**「つみたて投資枠」**です。投資額の上限は、成長投資枠が年間２４０万円まで、つみたて投資枠が年間１２０万円です。それぞれをフルに活用すれば、年間３６０万円まで投資でき、同じ金額を毎年積み上げていくと、５年後には１８００万円の非課税保有限度額（総枠）いっぱいまで投資できます。

ある程度、投資のキャリアを持っていて、投資信託以外の商品にも分散したいという人は、成長投資枠とつみたて投資枠を使い分けてもいいでしょう。

つみたて投資枠は、購入できる商品が投資信託のみです。しかも、その投資信託も現在、運用されているすべてのものが買えるわけではありません。購入できるのは指定インデックス投資信託が２２７本、アクティブ運用投資信託等（指定インデックス投資信託以外の投資信託）が47本、そしてＥＴＦが8本の計２８２本（２０２４年2月29日時点）だけです。

これに対して成長投資枠は、投資信託だけでなく上場株式や上場不動産投資信託、そしてもちろんＥＴＦにも投資できます。投資信託も何でも買えるわけではありませんが、それでもつみたて投資枠を通じて買える投資信託の本数をはるかに上回る2000本程度の投資信託を買うことができます。

もし使い分けるのであれば、成長投資枠で株式を買い付けるのと同時に、つみたて投資枠で世界中の株式や債券に分散投資するタイプの投資信託を積立購入していくという手法があります。特に成長投資枠で日本株のポートフォリオを持つのであれば、そのリスクを軽減させるという狙いから、つみたて投資枠で世界中の株式や債券に分散投資するタイプの投資信託を買っていくのです。

ただし、投資する商品が増えれば増えるほど、管理は大変になります。個別銘柄にも投資するとなると、日々株価の値動きをチェックする必要があります。また株価が急騰、急落した時などは、なぜそのような値動きになったのかを自分が納得できるところまで調べる必要があります。これまで資産運用の経験がない人にとって、ハードルが高すぎるでしょう。

それならば、つみたて投資枠をフル活用して、1800万円の限度額いっぱいまで積み立てていくという手法もあります。

成長投資枠は、NISAの限度額である1800万円のうち、1200万円までしか使えません。しかし、つみたて投資枠は特に制限が設けられていないため、1800万円までつみたて投資枠で購入できる投資信託を積み立てていけるのです。

前述したように、成長投資枠は現物株式のほかに、投資信託も２０００本近く対象になっています。ところが、つみたて投資枠は２８２本の投資信託のみです。「選択肢が少ないじゃないか」と言う人もいるでしょう。でも、どうやって２０００本もの投資信託から、自分が投資したいものを選べるでしょうか。正直、これは無理だと思います。恐らく対象となっている２８２本から選ぶのも一苦労ではないでしょうか。

実は、選択肢の数が増えれば増えるほど、選ぶ側は選べなくなるというジレンマがあります。それなら、ある程度、対象が絞り込まれている２８２本の投資信託から選んだほうが、特に資産運用の初心者にとっては選びやすいと思います。

たくさんの投資信託を買う必要はない

資産運用をする時には、ポートフォリオを組むようにしましょうなどと、資産運用の初心者向けの本などに必ず書かれています。それは株式や債券などの個別銘柄で運用する場合の話です。投資信託の場合、複数の投資信託でポートフォリオを組もうとすると、かえって話がややこしくなります。

たとえば以前、このような人がいました。その人はインデックスファンドでポートフォリオを組んでいて、何を組み合わせているのかというと、米国のS&P500、オール・カントリー、そしてNASDAQ100の3つの指数に連動するインデックスファンドに均等投資していました。

確かに3つの投資信託に分散されているので、ポートフォリオ運用しているような気にはなると思うのですが、よく考えてみると、米国の株式市場への投資比率が異様に高くなります。

そもそもS&P500とNASDAQ100は米国の株価インデックスです。オール・カントリーは確かに世界中の株式市場に分散投資するポートフォリオを前提に運用されています。これは世界の株式市場の時価総額ベースで組入比率を決めているため、オール・カントリーと言いつつも、組入比率の60%は米国株で占められています。これでは分散が効いたポートフォリオとは言えません。

極端な話ですが、私は投資信託なら1本で十分だと考えています。ただし、世界中の株式市場や債券市場に分散したポートフォリオを持っている投資信託であることが条件です。

そうすれば時々、運用成績をチェックするにしても、1本の投資信託だけを見ればいいので手間がかかりません。損をしているのか利益が生じているのか、利益が生じているとしたら、購入してからどのくらいの利益が得られているのかなどが、簡単にわかります。要するに、自分が持っている資産の管理がしやすくなるのです。

ただし、1本の投資信託だけで運用する場合、注意しなければならない点があります。それは運用の継続性です。投資信託は「繰り上げ償還」といって、資金流出に歯止めが掛からず、純資産総額が極端に小さくなると、これ以上の運用継続は困難とみなされて、償還されてしまうケースがあるのです。

特にアクティブ運用をする投資信託で長期積立投資をする場合、この点が重要になってきます。

インデックス運用の投資信託は、同じ株価インデックスに連動する投資信託が複数、運用されています。自分が積み立てている投資信託が繰り上げ償還になったとしても、同じ株価インデックスに連動する、他のインデックス運用投資信託で引き続き積立購入していけばいいのです。ところがアクティブ運用投資信託の場合、繰り上げ償還されてしまうと、まったく同じ運用を行っている投資信託が基本的に存在しません。結果、運用の継続性が断たれてしまうのです。

つみたて投資枠の対象になっている47本のアクティブ運用投資信託は、対象に入れられる際に、運用が開始されてから5年以上が経過していることに加え、これまでの運用期間

ご購読ありがとうございました。今後の出版企画の参考に
致したいと存じますので、ぜひご意見をお聞かせください。

書籍名

お買い求めの動機

1　書店で見て　　2　新聞広告（紙名　　　　　　　　　　）

3　書評・新刊紹介（掲載紙名　　　　　　　　　　）

4　知人・同僚のすすめ　　5　上司、先生のすすめ　　6　その他

本書の装幀（カバー），デザインなどに関するご感想

1　洒落ていた　　2　めだっていた　　3　タイトルがよい

4　まあまあ　　5　よくない　　6　その他(　　　　　　　　　　)

本書の定価についてご意見をお聞かせください

1　高い　　2　安い　　3　手ごろ　　4　その他(　　　　　　　　　　)

本書についてご意見をお聞かせください

どんな出版をご希望ですか（著者、テーマなど）

郵便はがき

料金受取人払郵便

牛込局承認

9026

差出有効期間
2025年8月
19日まで
切手はいりません

162-8790

東京都新宿区矢来町114番地
神楽坂高橋ビル5F

株式会社ビジネス社

愛読者係行

ご住所 〒 TEL: ( ) FAX: ( )		
フリガナ お名前	年齢	性別 男・女
ご職業	メールアドレスまたはFAX メールまたはFAXによる新刊案内をご希望の方は、ご記入下さい。	
お買い上げ日・書店名 年 月 日	市区 町村	書店

中、資金流入超の回数が3分の2以上であることといった条件が課せられています。基本的に資金流出の著しい投資信託は、そもそも対象に含まれていませんが、将来的にどうなるかは誰にもわかりません。

したがってアクティブ運用投資信託を用いて、つみたて投資枠の運用を行う際には、しっかり資金流入の続いているものを選ぶようにしてください。

積立期間の考え方

現時点で働いて得られる所得があるかどうかによって、積立期間は変わってきます。

すでに仕事をリタイヤしていて定期的な収入はないものの、ある程度の金融資産を預貯金で持っていて、できればそれを本格的な運用商品に切り替えたいと考えているとします。それならば持っている金融資産から年間360万円を積極的にNISA口座へ移していけば良いでしょう。年間360万円ずつNISA口座にシフトさせた場合、5年間で1800万円の枠を埋めることができます。

今も現役で働いていて、それなりに収入のある人の場合です。手持ちの預貯金から満額、NISA口座に移すのではなく、毎月の収入から生活費を差し引き、残った金額で積み立てていけば良いと思います。

ただ、ここで大事になるのが、いつまでに1800万円の枠を埋めるのかという期間の問題です。やはりある程度、目安になるゴールを設けたほうがいいと思うのです。

私の考え方を述べさせていただくなら、もし50歳の人が今後、NISA口座で資産を積み立てて運用するのであれば、ひとまず70歳をゴールにします。70歳の根拠は、健康寿命の一歩手前ということです。

健康寿命とは、誰の手も借りず、介護状態にもならずに自立して生活できる年齢のことです。本来の健康寿命は、男性72・68歳、女性75・38歳ですが、すこしゆとりを持たせて70歳をゴールにします。

健康寿命を越えたらいつ、人の介助を必要とするかわかりません。そうなった時には、自分で稼ぐことも困難ですから、いよいよ今ある資産を取り崩して生活していくことになります。だから70歳をゴールにするのです。

50歳から70歳までは20年あります。20年間で1800万円の枠を満たすとすれば、年間に積み立てるべき金額は90万円です。ということは、月額にすると7万5000円です。

これだけの金額を毎月、収入から捻出《ねんしゅつ》できる人は、20年という時間をかけて徐々に資産を築いていけば良いでしょう。

70歳になった時点で1800万円の金融資産があれば、残りの人生が安泰かどうかはわかりませんが、それでも金融資産がまったくないという人に比べれば、はるかに安心感が得られるはずです。

ちなみに本当に有利なのは、5年間で1800万円の枠を満たすことです。70歳までの20年間のうち、5年間で1800万円の枠を埋めることができれば、残り15年間で生じる運用益をすべて非課税運用できるからです。まとまった資金がない場合は仕方がないので、20年をかけて1800万円を満たすしかありません。それでも、たとえば退職金や親の遺産などが入ってきて余裕資金ができた時には、NISA口座を通じて投資して少しでも早く1800万円の枠を埋めるようにしましょう。

1800万円の枠を満たした後にすること

1800万円という枠を満たした後、皆さんはそれをどうしようと考えますか。

5年間、もしくはそれに近いくらいの短い期間で枠を満たした人は、その後も引き続き長期投資を続けていくでしょうし、それで結構だと思います。

ちょっと考えなければならないのは、1800万円の枠を満たした後の対応です。前述したように50歳からコツコツと積立投資をスタートさせ、70歳になった時点で１８００万円の枠が埋まりました。もう少ししたら健康寿命に近づきます。いざという時に備えて、取り崩しを始める準備をしておく必要があります。ただし、それまで積み立ててきた投資信託を全額解約して、預貯金や債券のような安全性の高い金融商品に乗り換えることはお勧めしません。

以前、ある外資系金融機関の人と話して、印象に残っていることがあります。それは、彼らが米国人投資家向けに提唱している、株式と債券の投資比率の見直し方です。

65歳になった時点で株式60％、債券40％の比率で保有していたとします。その後、５年ごとに株式の投資比率を５％ずつ減らすのと同時に、債券への投資比率を５％ずつ引き上げていきます。そうすると、70歳になった時には株式55％、債券45％、75歳の時には株式50％、債券50％、80歳の時には株式45％、債券55％になります。

大事なのは、80歳になった時でも株式を45％も保有していることです。巷では、定年後の資産運用について、お給料という定期収入が期待できなくなるので、65歳の定年に向けて徐々に株式への投資比率を引き下げ、65歳になった時点では株式への投資比率を０％とし、すべて債券や預貯金の運用にシフトさせるなどと言われています。にもかかわらず米国においては80歳になった時でも、株式をある程度保有するといった考え方が浸透しています。

なぜ、80歳になっても株式の保有が必要なのでしょうか。それは債券100％のポートフォリオで資産を運用していると、インフレに負けるリスクが高まってしまうからです。債券の多くは、償還時点まで同じ利率が適用される固定金利型です。ですから、その金利水準を超えて物価水準が上昇してしまうと、インフレリスクをヘッジできなくなります。その点、基本的に株式はインフレに強い金融商品であるとみなされているから、物価が上昇したとしても、株価の値上がり益によってインフレリスクをヘッジできる可能性が高まります。

80歳になっても、90歳になっても、生きている以上はインフレリスクと向き合わなければなりません。

日本の場合、1990年代にバブル経済が崩壊した直後から不動産や株式といった資産価格が下がりはじめ、さらには消費者物価が下落を続け、2000年代、2010年代と長期にわたり、深刻なデフレを経験しました。その経験が尾を引き、物価は下がるものというイメージがどうしても拭《ぬぐ》い去れない人も、特に50歳前後の方々には多いような気がします。しかし、これから私たちが生きていく世の中は、物価が持続的に上昇するインフレ経済になる可能性が高まりつつあります。

それを考えると、資産運用にはゴールがないような気がします。やはり、ある程度のリスク資産は持たざるを得ないでしょう。

ちなみに私の場合、セゾン投信の社長をしていますから、自分自身の資産は大半をセゾン投信が運用している3つの投資信託で保有しています。

そのなかでも保有比率が高いのは、株式を投資対象にしたアクティブ運用のファンドを複数組み合わせ、世界中の株式市場に分散投資している「セゾン資産形成の達人ファンド」と、バンガード社のインデックスファンドを中心にして、世界中の株式市場と債券市場に分散投資している「セゾン・グローバルバランスファンド」の2本です。リスク・リターンの度合いで申し上げると、複数のファンドを通じて株式100%の組入比率で運用されている「セゾン資産形成の達人ファンド」のほうが高めになっています。

私自身は今、50歳の一歩手前の49歳なので、まだ当分の間はリスクを大きく取れると考えています。そこで「セゾン資産形成の達人ファンド」で1800万円の枠を満たすまで積み立てていく予定です。

そして、高齢になって資産を取り崩していく段階になったら、「セゾン・グローバルバランスファンド」に切り替えます。

取り崩す段階というのは、基本的にここから先は投資信託を追加購入しないことが前提になるはずです。ということは、取り崩す前に大きな株価下落を食らってしまうと、安値で口数を増やして平均のコストを下げることもできなくなるので、資産価値が劣化してしまいます。したがって、資産を積み上げて増やす局面では、株式１００％の「セゾン資産形成の達人ファンド」を中心に運用し、取り崩す局面では株式50％、債券50％で運用している「セゾン・グローバルバランスファンド」で、よりリスクの低い運用を行うのがいいと考えています。そして、必要な時に必要な分だけ取り崩すようにすれば、資産の運用を継続できるので資産の寿命を延ばすことができるのです。

iDeCo編
自営業者と専業主婦は積極的に活用する

50歳からの資産形成はＮＩＳＡを中心にすればいいと思います。前述したように自営業者がｉＤｅＣｏで毎月、限度額いっぱいの６万８０００円を拠出して、65歳になる直前まで積み立てたとしても、積み立てられる金額は１１４２万４０００円にしかならないからです。

それならば、ＮＩＳＡで１８００万円の枠を埋めることに注力したほうが良いでしょう。

ましてや企業型確定拠出年金も、確定給付型企業年金もない会社に勤務している会社員がｉＤｅＣｏで資産形成をしようとしても、毎月の拠出金額は2万３０００円です。同じように50歳から65歳になる直前まで積み立てた場合の拠出金額合計は、３８６万４０００円に過ぎません。

もちろんある程度、資金面でゆとりがあるならば、ＮＩＳＡとｉＤｅＣｏの両方で資産形成をするに越したことはありません。しかし、どちらを優先するかといえば、やはりＮＩＳＡになります。

ただし、それでもｉＤｅＣｏを利用したほうがいい人もいます。それは自営業者と専業主婦です。もちろん、ＮＩＳＡでの資産形成をしたうえで、それでも資金的に余裕があれば、という前提です。自営業者は国民年金にしか加入していませんから、それを満額受給できるとしても、金額はたかが知れています。したがってＮＩＳＡだけでなく、ｉＤｅＣｏも併用して、少しでも老後の生活資金をたくさん積み上げておく必要があります。

専業主婦も悠長なことは言っていられないでしょう。確かに夫と一緒にいる限りにおいては、第三号被保険者の立場で夫の国民年金と厚生年金、それに自分の国民年金を合わせた年金を受給できます。でも夫が早いうちに亡くなったり、あるいは離婚したりした場合

確定拠出年金の拠出限度額（2024年12月1日～）

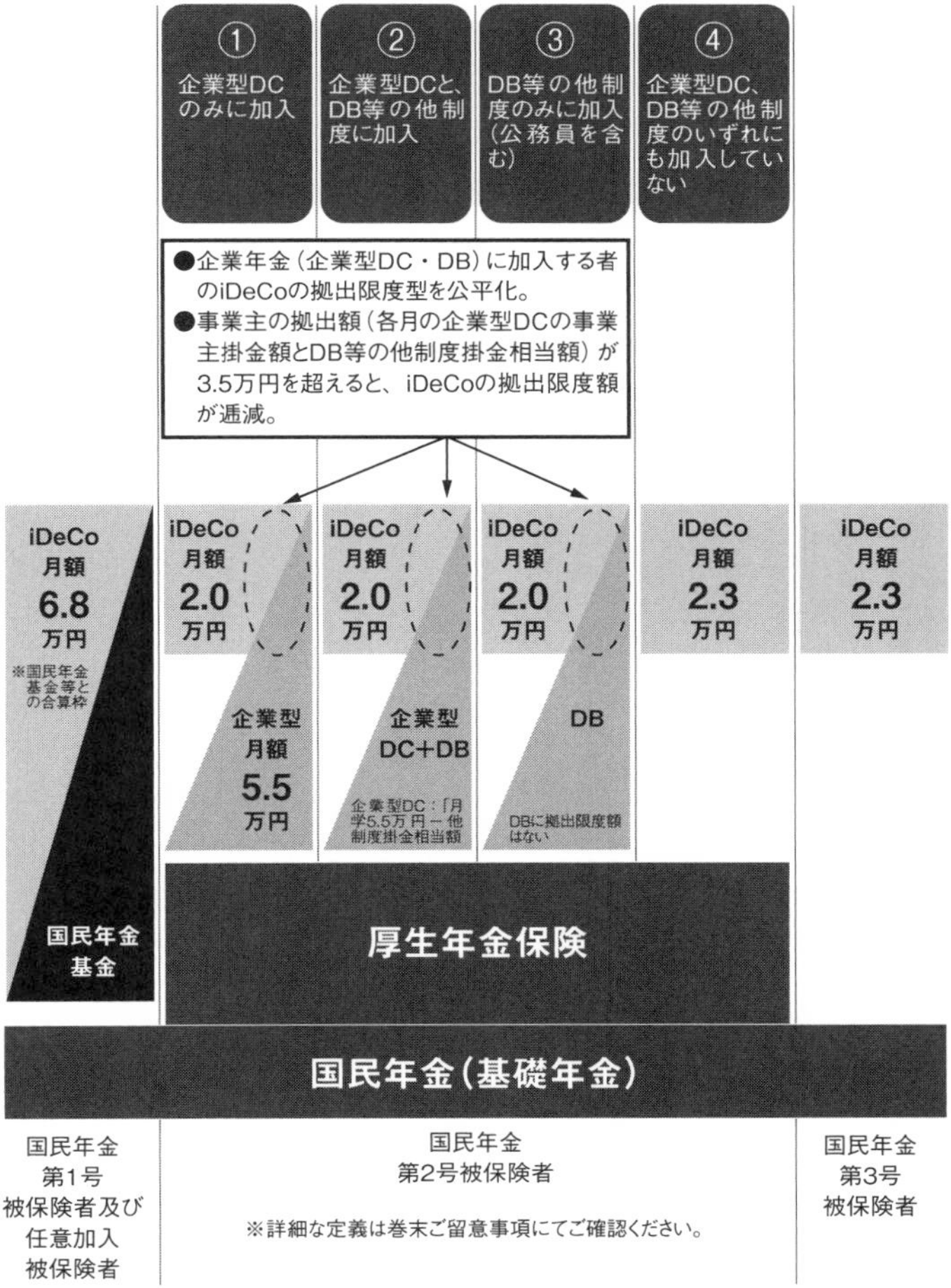

出所：厚生労働省

は、自分自身が受け取れる年金の額が減ってしまいます。

特に女性は男性よりも長生きしますから、離婚することなく結婚生活を維持できたとしても、やがて女性は1人で暮らさなければならなくなる確率が高まります。もちろん遺族年金は受け取れるものの、夫婦2人で厚生年金を受け取っていた時に比べれば減額されます。その意味でも、NISAだけでなくiDeCoも活用して、老後の準備をしておくべきだと考えます。

運営管理機関選びは慎重に

iDeCoを始める場合、運営管理機関といって口座を開設する金融機関を決める必要があります。

2023年10月時点で登録されている運営管理機関の数は223社です。メガバンク、地方銀行、信用金庫、労働金庫、生損保、証券会社、投資信託会社などが運営管理機関として登録されています（運営管理機関登録業者一覧〈厚生労働省〉）。

したがってiDeCoを始めるにあたっては、まず登録されている運営管理機関で手続きする必要があります。ちなみにiDeCoの口座は、加入者1名につき1金融機関に限定されています。複数の運営管理機関に口座を設けることはできないのです。このため運営管理機関選びは慎重に行う必要があります。

では、何を基準にして運営管理機関を選べばいいのでしょうか。

これは、自分が運用したいと思える運用商品を扱っているかどうかで決めればいいと思います。

特に投資信託については、運営管理機関によって扱っている投資信託が大きく異なります。その他、元本確保型商品も取り揃えておく必要があるのですが、こちらは預貯金や保険商品での運用になり、文字どおり元本割れするリスクが極めて低いものになるので、運営管理機関を決める際の決め手にならないと思われます。やはり、運営管理機関選びで重要なのは、iDeCoの運用対象としてどのような投資信託を扱っているのかという商品のラインナップでしょう。

前述したように、運営管理機関によって扱っている投資信託は大きく異なります。適当にiDeCoの口座を開設したものの、そこにお目当ての投資信託がラインナップに含まれていなかったら、口座を他の運営管理機関に移さなければなりません。その際には手数料が取られるケースもあります。また口座を移管させる場合には、それまで積み立ててきた投資信託をそのまま移管させることができないため、一度、解約して現金化したうえで、新しく口座を開設した運営管理機関の投資信託を買い直していく必要があります。しかも、毎月の拠出金額を超えて買い付けることはできないので、またゼロからの積み上げになってしまいます。こうしたタイムロスが生じることも考えると、ｉＤｅＣｏの口座移管はあまりお勧めしたくありません。したがって口座を開設する前に、運営管理機関を慎重に選ぶ必要があるのです。

一時金受取と年金受取のどちらを選ぶか

ＮＩＳＡは運用期間中に生じた運用益はもちろんのこと、運用を終えて現金化した時に得られる値上がり益も含めて、すべての運用益が非課税扱いになります。

ｉＤｅＣｏも、ＮＩＳＡと同様に運用益が非課税対象になるのと同時に、拠出金が全額所得控除の対象になります。この拠出金に対する所得控除は、ｉＤｅＣｏならではの税制メリットと言えます。ただし60歳以降に積み立てたお金を受け取るに際しては、受け取り方次第で税金が取られることもあるので要注意です。

ｉＤｅＣｏで積み立てたお金の受け取り方は３つあります。「一時金」、「年金」、「一時金＋年金」です。

一時金は、それまで積み立てたお金をまとめて一度に受け取る方法です。一時金で受け取る場合の最大のメリットは、「退職所得控除」が受けられることです。退職所得控除は、勤務年数によって次のようになります。

●勤続年数20年以下の場合

40万円×勤続年数

●勤続年数20年超の場合

800万円+70万円×(勤続年数−20年)

たとえば勤続年数が25年の場合だと、800万円+70万円×(25年−20年)で計算しますから、1150万円の控除を受けることができます。退職所得控除後の金額の2分の1に所得税・住民税が他の所得と分離して課税されます。ちなみに専業主婦の場合、勤続年数は関係ないので、どうすればいいのかという問題があります。この場合、iDeCoの加入年数を勤続年数とみなします。自営業者も同様です。

次に年金で受け取る場合です。iDeCoの場合、それまで積み立てたお金を5年以上20年以内で分割して受け取ることができます。

年金で受け取る場合は「公的年金等控除」が受けられます。この控除を行ったうえで超えた金額が雑所得とみなされて、課税対象になります。60歳以降も働いていて所得がある場合は、給与所得と合算されて総合課税されるため、その所得額次第では所得税や住民税、さらには社会保険料がアップすることも考えられます。

どちらが税制面で有利かは、iDeCoがどれだけの資産になっているのか、受け取る人が得ている収入などにもよるので一概には言えません。ただし退職所得控除が受けられるなら一時金で受け取ったほうが、税制的には有利になります。

また、「一時金+年金」は、iDeCoで積み立てたお金の30%を一時金で受け取るのと同時に、残りの70%を年金で受け取っていくというものです。退職所得控除をオーバーした場合など、この方法を用いることによって税金を軽減できる可能性があります。検討してみる価値はあるでしょう。

※税金の取扱いについては、税務専門家等にご確認されることをお勧めします。

第5章

資産形成に最適な投資信託の基礎知識と選び方

なぜ資産形成には投資信託が最適なのか

資産運用を行うための対象となる運用商品を思いつくままに挙げてみましょう。

株式、債券、預貯金、ＦＸ（外国為替証拠金取引）、コモディティ（商品）、不動産、暗号資産といったところが主なところでしょうか。

これらの運用商品で運用するとなると、バラバラに口座をつくらなければなりません。株式と債券は証券会社で、預貯金は銀行だし、ＦＸはＦＸ会社、コモディティは商品先物会社、不動産は不動産会社、暗号資産は暗号資産取引所といった具合に取扱会社が分かれています。これらの運用商品に資金を分散させようと思ったら、物凄い手間になります。

でも、これらのほとんどをひとまとめにして投資できる運用商品があります。投資信託がそれです。

かつて投資信託は、国内外の株式や債券、短期金融資産しか組み入れることができませんでした。

それが長年にわたって運用面の規制緩和が行われ、今では商品や不動産などさまざまな資産を組み入れられるようになりました。また最近では、米国のブラックロック社がビットコインなどの暗号資産を組み込んだETFを組成。日本国内でもSBIグループが、匿名組合方式の暗号資産ファンドを立ち上げました。いずれ、暗号資産も投資信託の組入対象になる日が来るのではないかと思われます。

投資信託は、たとえて言うなら単なる箱にすぎません。その箱のなかに、どのような資産を入れるかによって、さまざまな資産クラスの値動きに連動する投資信託ができ上がります。株式を組み入れれば株式型投資信託となり、不動産を組み入れれば不動産投資信託のでき上がりです。

しかも、日本国内だけでなく世界中のマーケットで取引されている資産を組み入れることができるので、その種類は実に多岐にわたっています。本書の第4章で資産形成をするためには分散投資が重要だと伝えたとおり、投資信託はこの分散投資にうってつけの商品性を持っているのです。

株式や債券など、特定の資産クラスを組み入れて運用する投資信託だけでなく、ひとつの投資信託で、株式や債券、不動産、コモディティといった、まったくタイプの異なる複数の資産クラスに分散投資することもできます。それも日本のマーケットだけでなく、海外の同じようなマーケットにも投資できます。たった1本の投資信託に、国内外の株式、債券、コモディティ、不動産といった、さまざまな異なる資産クラスを詰め込んで運用することもできるのです。

なぜそれが可能になるのかというと、これこそがまさにスケールメリットです。たとえ1人が10万円分しか買わなくても、10万人が同じ投資信託を買えば、100億円のお金を集めることができます。残念ながら10万程度の資金では、分散投資なんてできるはずもありません。株式の1銘柄さえも買えない場合もあるでしょう。

そして100億円の運用資金があれば、大抵のものに投資できます。それこそ日本だけでなく、海外も含めてさまざまな国の株式や債券、不動産、コモディティにも投資して、ポートフォリオの分散投資効果を高めることができます。

投資信託が少額資金でもさまざまな資産に分散投資できるのは、このようにスケールメリットを活かせるからなのです。

これは初めて資産運用にチャレンジしてみようと考えている人にとっては、最適と言っても良いでしょう。何しろ少額資金で購入できますから、手軽です。100万円を投資して10％値下がりすると、損失額は10万円です。しかし10万円しか投資していなければ、同じ10％の値下がりでも、損失額を1万円に抑えることができます。

投資信託のような価格変動商品での運用は、資産価値が値下がりすることに耐えられるかどうかも大事です。でも1万円の損失なら、何とか耐えられるのではないでしょうか。

しかも実際に売却しなければ、1万円の損失はあくまでも評価損に過ぎず、再びどこかのタイミングで運用成績が上昇に転じれば、10％程度の値下がりは取り戻せる可能性があります。

もちろん、投資金額が小さいままだと、いつまで経っても資産は増えません。途中で適宜、投資する資金を増やさなければなりませんが、投資初心者にとって少額資金で購入できるのは安心感にもつながります。初めて資産運用に本格的な取り組みをしてみようと考えている人は、まず投資信託による運用から検討してみてください。

投資信託はいろいろなところで買える

投資信託を買うためには、銀行や証券会社、あるいは投資信託を直接販売している投資信託会社などに口座を開く必要があります。

金融機関に口座を開くためには、その窓口に出向き、本人確認書類として運転免許証かマイナンバーカードを提示するなど所定の手続きが必要でした。ところが今はインターネット取引を中心にしている金融機関も多く、その手のところでは原則としてすべてインターネット上で完了することができます。

まさに、どこででも投資信託を買える世の中になってきましたが、注意点があります。株式の場合、どこの証券会社からも同一の銘柄に投資できます。A証券会社ではトヨタの株式が買えるのに、B証券会社では買うことができないなどということは、絶対に起こり得ません。

ところが、投資信託の場合は起こってしまうのです。A証券会社で買える投資信託が、B証券会社では買えないのは、むしろ普通のことです。なぜなら投資信託は、投資信託を設定・運用している投資信託会社と、販売金融機関との間で販売契約を結んで販売されるからです。そのため、もし自分で買いたい投資信託があった場合、まずその投資信託を販売している金融機関を事前に調べる必要があります。

ただ、最近はインターネット証券会社のように、2000本以上の投資信託を扱っているところもあります。インターネット証券会社に口座を開いておけば、人気のある投資信託はほぼすべて買えるはずです。

問題は、2000本以上もの選択肢があった時、そこから自分に合った投資信託を見つけることができるかという点です。

本数が多過ぎて何を選べばいいのかわからないという状態に陥らないようにするためには、まず自分がどういう投資信託で運用したいのかをしっかり絞り込むことです。そのうえで自分が購入したい投資信託を扱っている販売金融機関を探して、そこに口座を開けば良いでしょう。

ポートフォリオのベースになるのは国際分散投資型の投資信託

では、具体的にどうやって投資信託を絞り込むのかについて、順を追って説明していきましょう。

正直なところ、資産運用で買うべき投資信託は、そんなに数はいりません。なぜなら投資信託という運用商品そのものが、すでにさまざまな資産、銘柄に分散投資されたパッケージ商品だからです。極端な話、十分に分散されたポートフォリオを持つ投資信託があるならば、それ1本だけを持ち続ければ良いかもしれません。

いずれにしても、投資信託で資産形成をするのであれば、十分に分散されたポートフォリオを持つ投資信託をベースにしましょう。たとえば運用できる資産が100あるとして、複数の投資信託でポートフォリオを組むとしても、まずは十分に分散されたポートフォリオを持つ投資信託に、70～80％程度の資金を配分するのです。

そのうえで残り20～30％を、ベースとなっている分散型ポートフォリオを持った投資信託とは被らない資産クラスを組入対象とした投資信託に分散します。

世界中の株式市場に分散したポートフォリオを持つ株式型投資信託をベースにしたとします。残り20~30%のうち、金価格に連動するETFと、先進国債券に分散したポートフォリオを持つ投資信託とに分けて投資してもいいでしょう。この3つの、ETFを含む投資信託でポートフォリオを構築すれば、それだけで世界中の株式、先進国の債券、そして金（GOLD）という3つの資産クラスに、自分のお金を分散させることができます。

ただ、複数の投資信託で運用する場合は、繰り返しになりますが、絶対に被らない投資信託同士を組み合わせることです。

前述した事例だと、S&P500という米国のエクセレント企業を中心にした株価インデックスと、米国の新興企業の株価動向を示すNASDAQ100、そして世界中の株式市場に分散投資したのと同じ投資成果を目指すオール・カントリー（全世界株式指数）の3つに分散投資しても、分散投資の意味はほとんどありません。

なぜなら、以上の3つの株価インデックスでポートフォリオを構築したとしても、米国株式に大きく偏ったポートフォリオになっているからです。

もし、米国で再びリーマンショックのような出来事があったら、その時点ですべての投資信託の基準価額が大暴落し、運用成績が悪化してしまうリスクがあります。したがって複数の投資信託に分散投資する場合は、投資信託会社が週次、もしくは月次で出している「運用レポート」や、決算を迎えた時に発行している「運用報告書」をチェックしておきます。そしてどのようなポートフォリオになっているのかを理解したうえで、何と何を組み合わせるかを検討する必要があります。

アクティブ運用とインデックス運用の違い

投資信託を運用スタイルで分けると、アクティブ運用とインデックス運用の2種類になります。

昨今はインデックス運用が人気を集めています。インデックス運用とは、たとえば日本株なら日経平均株価や東証株価指数（ＴＯＰＩＸ）の値動きに対して、運用成績を連動させるポートフォリオを組んで運用することです。

多くの運用会社が同じ株価インデックスに連動する投資信託を設定・運用しています。ところがインデックス運用は特定の株価インデックスに運用成績を連動させるという点で、目標が同じですから、運用会社が違っても運用成績に大きな差は生じにくくなっています。その意味で、当たり外れの小さい投資信託といってもいいでしょう。

対してアクティブ運用は、ある特定のインデックスをベンチマークとして、それを超える運用成績を目指します。特定のインデックスを超える運用成績を実現させるため、アクティブ運用においては何らかの運用方針、運用哲学を明確にしています。

正直なところ、ベンチマークとして設定しているインデックスを超える成績を出せるとは断言できません。ただ、運用方針や運用哲学を聞いて、それに対して大いに賛同できる、信じられるのであれば、アクティブ運用の投資信託を選ぶのもひとつの手でしょう。

ただしアクティブ運用の場合、やはり過去の運用成績が極めて重要になってきます。なぜなら掲げている運用方針、運用哲学が正しいのかどうかは、実際に運用した結果を見てみないとわからないからです。それも半年や1年程度の運用成績では何もわかりません。できれば5年、あるいは10年くらいの時間軸で、運用成績をチェックする必要があります。

どちらが良いのかは、ほとんど宗教論争みたいなもので、なかなか結論が出ません。一般的には、多くのアクティブ運用はインデックス運用に勝てないと言われています。

しかし一部のアクティブ運用は、インデックス運用を超える運用成績を出しているのも事実です。アクティブ運用は当たり外れが大きく、その投資信託の運用方針や運用哲学、運用者であるファンドマネジャーの腕、さらには投資対象となる株式や債券を売買するトレーディング能力など、運用成績を左右する各種要因の良し悪しを総合的に見極めるのは、プロでも難しいと言われています。

その見極めができるのであれば、アクティブ運用を選ぶのも一興です。ただし、資産運用を始めたばかりの人が実行するのは困難でしょう。その点でインデックス運用を選んだほうが無難と言われているのです。

セゾン投信が設定・運用している投資信託の場合、「セゾン資産形成の達人ファンド」は11本のアクティブ運用のファンドにＦｏＦｓ（ファンドオブファンズ＝複数のファンドに投資すること）形式で分散投資しています（2024年3月9日時点）。この11本のファンドを通じて、米国や欧州、日本、アジア、エマージングといった各国・地域の株式市場に分散投資しています。当社の運用哲学に合致し、長期的な視点での運用を大切にするファンドをチェックして、場合によってはファンドの入れ替えなども行っています。つまりプロの目で、良いと思われるアクティブ運用のファンドを発掘しているのです。

また、「セゾン・グローバルバランスファンド」は、米国、欧州、日本、日本を除く太平洋諸国、エマージング諸国という各国・地域の株価インデックスと、米国、欧州、日本の債券インデックスに連動することを目指したインデックス運用のファンドを組み合わせて運用しています。

こちらは、投資対象となるファンドはすべてインデックス運用です。それぞれをどのような比率で組み合わせるかについて、セゾン投信の裁量によって決めており、その意味では、セゾン・グローバルバランスファンドもアクティブ運用になります。

手前みそな話になって恐縮ですが、自分で判断が難しいという場合は、私どもが運用している2本のグローバルタイプの投資信託のように、世界中に分散投資している投資信託を買っておくのが、もっとも無難な方法だと思っています。

運用の継続性を重視しよう

もしかしたら、運用成績以上に重要です。それは運用の継続性を担保する資金の安定性です。

投資信託は日々、解約による資金流出と、追加購入による資金流入が生じています。そして資金流入額が資金流出額を上回っていれば、ひとまず運用の継続性が担保されます。日々、資金流入が続いている状態を維持するのは難しいのですが、少なくとも月ベースで見て資金流入が続いていれば「御の字」でしょう。

なぜ資金流入が続く必要があるのでしょうか。逆に言えば、どうして資金流出が続くといけないのでしょうか。

資金流出が続くと、運用する側は解約資金をつくらなければならないため、ファンドに組み入れられている資産を少しずつ売却していきます。数日、それが続く程度なら特に支障を来さないのですが、何カ月も解約による資金流出超の状態が続くと、非常に運用しにくくなります。資金流出が収まらない限り、ずっとファンドの組入資産を売却し続けなければならないからです。

マーケットが下落局面にあったとしても資金流入があれば、成績を立て直すことができます。たとえば株式型の投資信託であれば、株価が安くなったところで優良な企業の株式をポートフォリオに組み込んでいけるからです。

しかし資金流出が続くと、このように運用成績を改善させるための手がまったく打てなくなってしまいます。結果、運用成績がマイナスになる流れをたどる恐れが生じてくるのです。

つみたて投資枠の対象となっているアクティブ運用の投資信託に厳しい資金流出入条件が課せられているのは、運用の継続性が重視されているからです。

特にＮＩＳＡで運用することを前提にした場合、運用の継続性は、投資するファンドを選ぶに際して、かなり重要な判断基準になると思います。

たとえば一所懸命に頑張って、５年間で１８００万円の枠を埋めたとします。そのうち

ある投資信託の月次資金流出入額グラフ

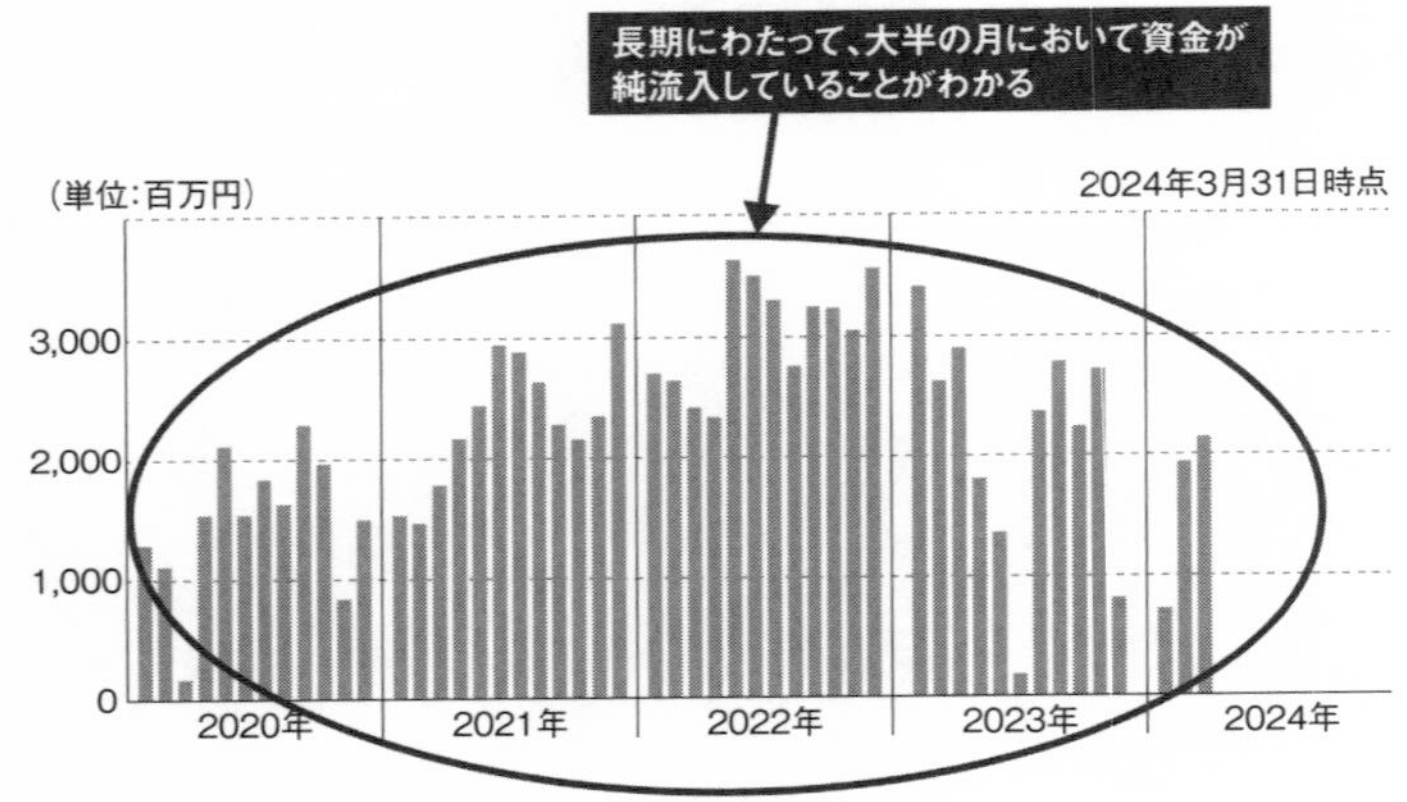

出所：ウエルスアドバイザー

1000万円分を買い付けた投資信託に大規模な資金流出が生じ、繰上償還されたらどうなるでしょうか。

その時点で運用が終了し、値上がり益ともども、投資した資金が手元に戻ってきてしまいます。そこで別の投資信託を探し、再びNISAで買い付けるにしても1年間で360万円が買付の上限ですから、1000万円分を全額投資するためには、3年近い時間を必要とします。これは運用の効率を著しく下げてしまいます。

このようなデメリットがあることを考えると、特にNISAで運用する場合は、資金が安定的に流入している投資信託を選ぶべきでしょう。

個別ファンドの資金流出入をチェックす

るためには、「ウエルスアドバイザー（旧モーニングスター）」のサイトが参考になります。検索窓に調べたいファンド名を入れ、「リターン」→「月次資金流出入額」という順番でタブをクリックしていくと、月間の資金流出入がグラフで表示されます。過去5年分くらいは表示されるので、その傾向をチェックしてみましょう。資金流出の月が多いファンドは、投資先候補から外しておいたほうが無難です。

少額資金で投資しても資産は増えません

投資信託は少額資金で購入できる、とても手軽な運用商品です。かつて投資信託の最低購入金額は1万円程度でしたが、最近ではどんどん小口化が進んでいます。インターネット証券会社で投資信託の積立コースを選択すると、100円単位で買うこともできます。

確かに少額資金なら、多くの人が投資信託を購入するうえで始めやすくなります。また基準価額が値下がりした時でも、少額資金であれば大きな損失額を被ることもありません。そのため少額投資を勧める人もいるくらいです。ところが残念ながら少額資金で積立投資を続けても、資産形成はできません。

実際に計算すればよくわかることです。毎月1000円ずつ30年間積み立てた場合の元本はいくらになりますか。簡単な掛け算ですね。1年で1万2000円。これを30年積み重ねても、36万円にしかなりません。

もちろんこれは元本部分であり、実際にはこれに運用のリターンが上乗せされてきます。あくまでも単純なシミュレーションの数字に過ぎませんが、年平均6％で運用できたとして30年間、毎月1000円ずつ積み立てたとしても、最終積立金額は100万4515円（金融庁、資産運用シミュレーションによる試算）にしかならないのです。

100万円では老後の生活資金の足しになりません。

本書は50歳になった時点で、特にまだ何も老後のお金の準備ができていない人を対象にしています。50歳で金融資産が0円。このような人たちが遅くとも70歳くらいになるまでに、老後に不安を感じずに済むだけの金融資産を持つには、毎月いくらずつ積み立てていけばいいのでしょうか。

最近は、この手のシミュレーターを、インターネット上で提供している金融機関が増えているので、あくまでもシミュレーションに過ぎませんが、自分で確かめてみるといいと思います。

セゾン投信のサイトにも「積立投資・取り崩しシミュレーション」があるので、それを使って必要な数字を計算してみましょう。

このシミュレーションでは「将来の積立資産額」のほかに、「毎月の積立額」、「目標までの積立期間」という、3つの計算が可能です。

50歳から70歳までの20年間で、NISAの1800万円枠を満たそうとすれば、毎月の積立金額は7万5000円です。もしそれが可能だとして、それを年平均5%で運用できた場合、70歳の時に1800万円は果たしていくらに増えているでしょうか。それをシミュレーターで計算すると、3043万5336円になります。70歳の時点で3043万円の金融資産があれば、残りの人生は比較的、安泰かもしれません。

月7万5000円も積み立てるのは難しいという人は、いくらなら可能でしょうか。3万円でしょうか。仮に3万円を同じ条件で積み立てていくと、70歳になった時の金融資産額は1217万4135円になります。月3万円の積立投資では、NISAの枠も1800万円にはほど遠い720万円しか使わないので、ちょっともったいない気もします。もう少し頑張って月5万円を積み立てれば、70歳になった時の金融資産額は2029万224円です。まあまあではないでしょうか。

この数字はあくまでもシミュレーションです。年平均5%という数字も、20年間のうちにもっと高いリターンの年もあれば、マイナスの年もあり、その平均値という意味で用いています。実際には大きくマイナスになる年もあるはずなので、年平均の数字を用いる時は、ある程度、保守的な数字を使ったほうがいいでしょう。

ちなみに、株式市場の期待リターンは年７％程度です。これを当てにすると、現実は違うということにもなりかねないので、保守的に見積もって年平均５％で計算してみたのです。ですから、ひょっとしたら年４％でもいいかもしれません。

いずれにしても、シミュレーションはあくまでもシミュレーションなのです。資産形成のための資金計画を立てるためには必要な目安なので、この手のシミュレーターを合わせて利用すると良いでしょう。

セゾン投信の
積立投資&取り崩し
シミュレーション

https://simulation.saison-am.co.jp/asset

投資信託のディスクロージャーを読み解く

目論見書のポイント①

ファンドの目的・特色を把握する

　みなさんが投資信託の購入を検討する場合は、交付目論見書の内容を確認する必要があります。なので、ここからは交付目論見書の記載内容を中心にして、目論見書を読むポイントについて解説していきます。

　交付目論見書の表紙には、ファンド名や投資信託会社名が記載されています。ファンド名の下には、そのファンドがどういうタイプなのかが記載されています。「セゾン・グローバルバランスファンド」だと「追加型投信／内外／資産複合（分配金再投資専用）」とあります。これは国内外のさまざまな資産に投資する追加型投資信託で、分配金は全額、再投資するタイプだということがわかります。

　次に中身です。まず「ファンドの目的・特色」を見てみましょう。

　ファンドの目的は、どういう資産を組み入れ、どういうスタンスで運用を行うのかが明記されています。「セゾン・グローバルバランスファンド」だと、「主として、投資信託証券（投資対象ファンド）を中心に投資を行い、信託財産の長期的な成長を図ることを目的として運用を行います」とあります。つまり複数の投資信託に分散投資して運用されるファンド・オブ・ファンズと呼ばれる形式を持つ、長期投資向けのファンドだということです。

次にファンドの特色です。ここにはファンドの投資対象などが記載されています。特色は4つで、まず「資産配分比率は株式50％、債券50％」であること。2つめの特色として「国際分散投資」と書かれています。つまり、世界中の株式と債券に半々の資産配分比率で投資されているということです。国際分散投資であることと、ポートフォリオのうち半分を債券に投資していることから、株式100％で運用される投資信託に比べると、価格変動リスクは低めであることが読み取れます。

3つめの特色は投資対象に関することで、「ローコスト・ハイクオリティ運用で定評のあるバンガードのインデックスファンド」で運用されることが書かれています。

そして4つめの特色は「原則として、為替ヘッジは行いません」とあります。このファンドは海外の株式や債券にも投資するため、円高が進むと為替差損が生じます。為替ヘッジありは、そのリスクを軽減させるためのものです。ですが同時にコストもかかりますし、逆に円安が進んだ時に得られる為替差益が得られなくなります。

海外市場に投資する多くのファンドは、為替ヘッジをかけていないケースのほうが多く見られます。

その他、「分配方針」として、分配金は全額再投資に回すことや、「主な投資制限」として、このファンドを通じて投資しないものは何かも明記されています。

目論見書のポイント②

投資リスクを把握する

投資信託にはいくつかのリスクがあります。具体的にどのようなリスクがあるのかも、目論見書を通じて把握できます。

「セゾン・グローバルバランスファンド」の目論見書に記載されているリスク要因は、次のものになります。

①価格変動リスク
②為替変動リスク
③カントリーリスク
④信用リスク

⑤流動性リスク

これらのリスクのうち、価格変動リスクは組み入れている株式と債券の価格変動のリスクのことです。株式は個々の企業の活動や業績、市場・経済の状況等による株式価格の変動と、債券は市場金利の変動等のリスク、発行体のデフォルトリスク、為替変動リスクがあることについては前述したとおりです。

あまり聞き慣れない言葉としては、カントリーリスク、信用リスク、流動性リスクでしょうか。

カントリーリスクは、当該国・地域の政変、革命、戦争や経済および社会情勢の変化により市場に混乱が生じた場合、影響を受け損失を被るリスクがあることです。

信用リスクは、投資先の経営や財務状況が悪化して、投資した資金が回収できなくなるリスクです。

流動性リスクは、市場の取引量が急減したり、買い手がいなくなって売れなくなったりするリスクです。

ちなみに、投資信託の種類は実にさまざまなので、リスク要因にも違いがあります。

日本株ファンドであれば、為替リスクやカントリーリスクに対して、それほど神経質にならなくても大丈夫でしょう。このように、ファンドによってリスク要因が異なりますから、まずは交付目論見書に書かれているリスク要因の箇所を、しっかりチェックすることが大事です。

また新規設定ファンドではなく、すでに運用が始まっていて、数年の運用期間を経ているファンドにおいては、交付目論見書に過去の運用成績も記載されているので、これも参考になります。過去の基準価額の推移がグラフで表示されているので、値動きの大きさからリスクの度合いを把握することができます。さらに現在、ポートフォリオにどのような資産が組み入れられているのかについても、このページを通じて把握できます。

また「お申込みメモ」には、ファンドの詳細に関連した情報が盛り込まれています。たとえば購入・解約の注文が出せない日や、注文の締切時間、繰上償還の要件など、重要な項目が含まれているので、これも併せてしっかりチェックしておきましょう。購入・解約の締切時間や繰上償還の要件などは、ファンドを保有している人にとっては、とても重要な情報のひとつです。

そして最後に、ファンドの費用に関する詳細な内容が掲載されています。運用管理費用（信託報酬）に関しても、かなり細かいところまで踏み込んだ情報が開示されています。目論見書には、ここまで説明してきた「交付目論見書」以外に、「請求目論見書」という、さらに詳細な情報を盛り込んだ目論見書もあります。基本的に交付目論見書でもこれ

ファンドの目的と特色／投資リスク

》ファンドの目的・特色

ファンドの目的

主として、投資信託証券（投資対象ファンド）を中心に投資を行い、信託財産の長期的な成長を図ることを目的として運用を行います。

→ どのような資産を組み入れ、どのようなスタンスで運用するのかが示されている。

ファンドの特色

特色 1 資産配分比率は株式50％、債券50％

原則として、投資対象ファンドを通じて株式と債券へ半分ずつ投資することにより、リスクを抑えながら安定したリターンの獲得を目指します。

→ 国・地域別にどのような資産クラスに分散投資するのか、投資先はどういう投資信託などか、といったことが示されている。

資産配分比率

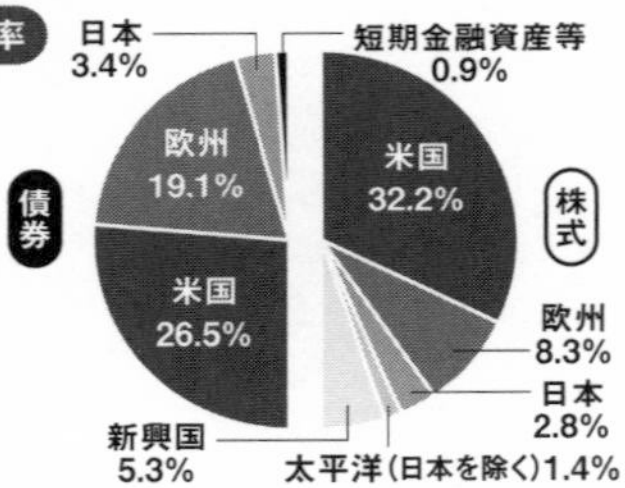

※地域は、各投資対象ファンドが投資する主要な市場を表しています。
※計算過程で四捨五入の処理を行っておりますので、合計が100%とならない場合があります。

》投資リスク

基準価額の変動要因

当ファンドは、値動きのある有価証券等に投資しますので、基準価額は変動します。したがって、投資元本は保証されているものではなく、基準価額の下落により投資元本を割り込むことがあります。運用による損益は、全て投資者の皆さまに帰属します。当ファンドは預貯金とは異なり、投資元本が保証されているものではなく、一定の投資成果を保証するものでもありません。

当ファンドへの投資にあたっては、主に以下のリスクを伴います。

価格変動リスク	当ファンドは、株式や公社債を実質的な主要投資対象としております。一般に、株式の価格は個々の企業の活動や業績、市場・経済の状況等を反映して変動し、また、公社債の価格は市場金利の変動等を受けて変動するため、当ファンドはその影響を受けます。
為替変動リスク	当ファンドは、実質的に外貨建資産に投資し、原則として為替ヘッジを行いませんので、為替変動の影響を受けます。
カントリーリスク	当ファンドは、外国投資証券への投資を通じて、海外の金融・証券市場に投資を行うため、当該国・地域の政治・経済および社会情勢等の変化により市場に大きな混乱が生じた場合、その影響を受け損失を被るリスクがあります。
信用リスク	当ファンドは、主要投資対象とする有価証券等またはその取引に係る信用リスクを伴います。信用リスクとは、有価証券等の発行者や取引先の経営・財務状況が悪化した場合またはそれが予想された場合に、当該有価証券等の価格が下落することやその価値がなくなること、または利払いや償還金の支払いが滞る等の債務が不履行となること等をいいます。
流動性リスク	有価証券等を売却あるいは取得しようとする際に、市場に十分な需要や供給がない場合や取引規制等により十分な流動性の下での取引を行えない、または取引が不可能となるリスクのことを流動性リスクといい、当ファンドはそのリスクを伴います。

※なお、上記に記載するリスクは、当ファンドに係る全てのリスクを完全には網羅しておりませんので、ご留意ください。

→ 運用に関係する主なリスクが記載されている。

出所：セゾン投信「セゾン・グローバルバランスファンド交付目論見書」（2024年3月9日）

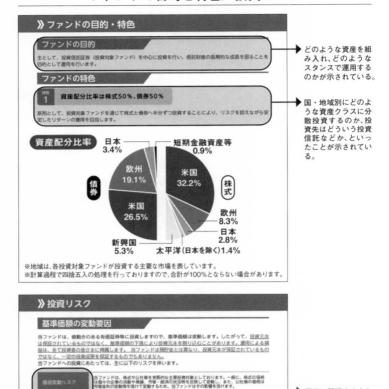

ファンドの重要事項

お申込みメモ

購入単位	販売会社が定める単位とします。
購入価額	購入申込受付日の翌々営業日の基準価額 ※「自動けいぞく投資契約」に基づく収益分配金の再投資は、計算期間終了日（決算日）の基準価額をもって行います。
購入代金	購入申込者は、申込金額を販売会社が定める日までに支払うものとします。
換金単位	1口単位 ※販売会社により1円単位での申込みとなる場合があります。詳細は販売会社までお問い合わせください。
換金価額	換金申込受付日の翌々営業日の基準価額から信託財産留保額を控除した価額
換金代金	原則として、換金申込受付日から起算して6営業日目から販売会社において支払います。
購入・換金申込日	原則として、毎営業日に申込みを受付けます。ただし、次の日のいずれかに該当する日には申込みの受付を行いません。 ・ニューヨーク証券取引所休業日 ・ニューヨークの銀行休業日 ・アイルランドの銀行休業日
申込締切時間	原則として、午後3時までに受付けた申込み（当該申込みの受付に係る販売会社所定の事務手続きが完了したもの。）を当日の申込みとします。
購入の申込期間	2024年3月9日から2024年9月10日まで ※申込期間は、上記期間満了前に有価証券届出書を提出することにより更新されます。
換金制限	信託財産の資金管理を円滑に行うため、大口の換金請求については制限を設ける場合があります。 販売会社によっては、同一の解約請求日において、複数回の解約請求を行うことができません。詳細は販売会社までお問い合わせください。
購入・換金申込受付の中止および取消	金融商品取引所等における取引の停止、外国為替取引の停止、決済機能の停止、その他やむを得ない事情があるときは、信託約款の規定にしたがい、委託会社の判断で受益権の購入申込および換金申込の受付を中止すること、およびすでに受付けた購入申込および換金申込を取り消すことがあります。
信託期間	無期限（設定日：2007年3月15日）
繰上償還	以下の場合には、法令および信託約款に定める手続きにしたがい、受託会社と合意のうえ、ファンドを償還することがあります。 ・受益権の口数が10億口を下回ることとなった場合。 ・信託期間中において、ファンドを償還させることが受益者のために有利であると認めるとき、またはやむを得ない事情が発生したとき。 このほか、監督官庁よりファンドの償還の命令を受けたとき、委託会社の登録の取消・解散・業務廃止のときは、原則としてファンドを償還させます。
決算日	毎年12月10日（休業日の場合は翌営業日）
収益分配	毎決算時（毎年12月10日の年1回。休業日の場合はその翌営業日。）に収益分配方針に基づき分配を行います。 ・委託会社の判断により分配を行わない場合もあります。 ・当ファンドは、分配金再投資専用とします。収益分配金は、所得税、復興特別所得税および地方税を控除した後、再投資されます。
信託金の限度額	1兆円
公告	日本経済新聞に掲載します。
運用報告書	委託会社は、毎決算後および償還時に交付運用報告書を作成し、販売会社を通じて投資者（受益者）に交付します。
課税関係	課税上は、株式投資信託として取扱われます。 益金不算入制度、配当控除の適用はありません。 公募株式投資信託は税法上、一定の要件を満たした場合にNISA（少額投資非課税制度）の適用対象となります。 当ファンドはNISAの成長投資枠（特定非課税管理勘定）およびつみたて投資枠（特定累積投資勘定）の対象ですが、販売会社により取扱いが異なる場合があります。詳細は販売会社までお問い合わせください。 ・上記は2023年12月末日現在のものですので、税法が改正された場合等には、変更される場合があります。

換金の制限や繰上償還条項など、投資信託を保有するうえで把握しておく必要のある重要事項が記載されている。

出所：セゾン投信「セゾン・グローバルバランスファンド交付目論見書」（2024年3月9日）

ファンドの費用・税金

ファンドの費用・税金

【ファンドの費用】

投資者が直接的に負担する費用	
購入時手数料	ありません。また、再投資される収益分配金についても、購入時手数料はかかりません。
信託財産留保額	換金申込受付日の翌々営業日の基準価額に0.1%の率を乗じた額

投資者が信託財産で間接的に負担する費用		
運用管理費用（信託報酬）	当ファンド	純資産総額×年0.495%（税抜 年0.45%） 信託報酬の総額は、日々の当ファンドの純資産総額に信託報酬率を乗じて得た額の総額とします。 当ファンドの運用管理費用（信託報酬）および監査費用は毎日計算され、毎計算期間の6ヶ月終了日、および毎計算期末または信託終了のときに信託財産から支払われます。

配分	純資産総額800億円までの部分（税抜）	純資産総額800億円超の部分（税抜）	費用の内容
委託会社	年0.238%	年0.244%	委託した資金の運用の対価
販売会社	年0.172%	年0.176%	運用報告書等各種書類の送付、口座内でのファンドの管理、購入後の情報提供等の対価
受託会社	年0.040%	年0.030%	運用財産の管理、委託会社からの指図の実行の対価

投資対象とする投資信託証券

対象ファンドの名称	運用管理費用（信託報酬）年率	費用の内容
バンガード・500・インデックス・ファンド	0.03%	対象ファンドにおける運用管理費用等
バンガード・ヨーロピアン・ストック・インデックス・ファンド	0.08%	
バンガード・ジャパン・ストック・インデックス・ファンド	0.12%	
バンガード・パシフィック・エックスジャパン・ストック・インデックス・ファンド	0.12%	
バンガード・エマージング・マーケット・ストック・インデックス・ファンド	0.16%	
バンガード・U.S.・ガバメント・ボンド・インデックス・ファンド	0.06%	
バンガード・ユーロ・ガバメント・ボンド・インデックス・ファンド	0.06%	
バンガード・ジャパン・ガバメント・ボンド・インデックス・ファンド	0.06%	

運用管理費用（信託報酬）	実質的な負担額	年0.56%±0.02%程度（税込） ※ファンドが投資対象とする投資信託証券における信託報酬を加味した実質的な負担額の概算値です。各投資信託証券への投資比率、各投資信託証券の運用管理費用の料率の変更等により変動します。
その他の費用・手数料	当ファンド	監査費用、租税、信託事務の処理に要する諸費用等。 監査費用を除くその他の費用・手数料は、その都度信託財産から支払われます。
	投資対象とする投資信託証券	・投資対象国、市況の変化、あるいは制度の変更等を考慮し、バンガードが定めることにより、購入時および解約時にファンド財産維持手数料がかかることがあります。 ・ファンド財産維持手数料とは、当ファンドの信託財産から買付もしくは換金（解約）した際に、ファンド自身に直接支払われる留保金であり、販売手数料や解約手数料とは異なります。

※これらの費用は、運用状況により変動するものであり、事前に料率、上限等を表示することができません。

※投資者の皆さまにご負担いただくファンドの費用等の合計額については、保有期間や運用状況等に応じて異なりますので表示することができません。

購入時手数料や信託報酬等、投資信託を購入・保有する間にかかるコストの料率が記載されている。

出所：セゾン投信「セゾン・グローバルバランスファンド交付目論見書」（2024年3月9日）

だけ詳細な情報が開示されているので、まずはしっかりと確認をしましょう。

運用報告書のポイント

過去の運用経過を把握する

運用報告書も、「交付運用報告書」と「運用報告書（全体版）」があります。ここでは運用の内容をより詳細に把握できる、全体版の記載内容を中心に解説していきましょう。

運用報告書には前回の決算日から今回の決算日までの運用環境、運用成績などが記載されています。主な記載内容は次のようになります。

①最近5期の運用実績・当期中の基準価額等の推移
②当期の運用状況と今後の運用方針
③1万口あたりの費用明細
④期中の売買及び取引の状況
⑤組入資産の明細
⑥投資信託財産の構成
⑦資産、負債、元本及び基準価額の状況

運用実績と基準価額の推移

最近5期の運用実績

決算期	基準価額 (分配落)	税込み分配金	期中騰落率	参考指数	期中騰落率	為替レート 米ドル(円)	為替レート ユーロ(円)	投資証券組入比率	投資対象ファンド組入比率 500・インデックス	インスティテューショナル	ヨーロピアン・ストック	ジャパン・ストック	パシフィック・エックスジャパン・ストック	エマージング・マーケット・ストック	U.S.・ガバメント・ボンド	ユーロ・ガバメント・ボンド	ジャパン・ガバメント・ボンド	純資産総額
	円	円	%		%			%	%	%	%	%	%	%	%	%	%	百万円
第13期 2019年12月10日	15,268	−	7.5	17,841	8.3	108.67	120.23	99.2	−	29.2	9.5	3.8	1.8	5.8	26.0	17.6	5.6	194,260
第14期 2020年12月10日	16,651	−	9.1	19,385	8.7	104.28	125.97	99.2	−	30.1	8.5	3.6	1.6	6.6	24.2	19.3	5.4	230,238
第15期 2021年12月10日	19,206	−	15.3	22,639	16.8	113.47	128.12	98.9	30.9	−	8.2	3.1	1.4	5.9	25.3	19.2	5.0	294,071
第16期 2022年12月12日	19,645	−	2.3	22,866	1.0	136.76	143.76	99.0	30.7	−	8.3	2.8	1.6	5.8	28.0	17.8	4.1	337,818
第17期 2023年12月11日	22,351	−	13.8	25,899	13.3	145.40	156.58	99.2	32.3	−	8.2	2.9	1.4	5.3	26.9	18.8	3.4	412,876

・基準価額は1万口当たりです。
・当ファンドにはベンチマークがないため、投資対象資産の市場動向を説明する代表的な指数のMSCIオール・カントリー・ワールド・インデックス(配当込)とブルームバーグ・グローバル国債：G7インデックスを50%ずつ組み合わせた、委託会社が計算した合成指数を参考指数として記載しております。参考指数は、設定日(2007年3月15日)の値を10,000として委託会社が計算したものです。
・参考指数は、基準価額への反映を考慮して、2営業日前のものに、当日のわが国の対顧客電信売買相場の仲値を利用して円換算しております。
・騰落率は、小数点以下第1位未満を四捨五入しております。
・組入比率は、対純資産総額です。組入比率は、小数点以下第1位未満を四捨五入しているため、合計が一致しない場合があります。
・為替レート(米ドル(円)、ユーロ(円))は、わが国の対顧客電信売買相場の仲値を利用しています。
・純資産総額の単位未満は切捨てて表示しております。

当期中の基準価額等の推移

年月日	基準価額	騰落率	(参考指数) 合成指数	期中騰落率	投資証券組入比率	投資対象ファンド組入比率 500・インデックス	ヨーロピアン・ストック	ジャパン・ストック	パシフィック・エックスジャパン・ストック	エマージング・マーケット・ストック	U.S.・ガバメント・ボンド	ユーロ・ガバメント・ボンド	ジャパン・ガバメント・ボンド
(期首)	円	%		%	%	%	%	%	%	%	%	%	%
2022年12月12日	19,645	−	22,866	−	99.0	30.7	8.3	2.8	1.6	5.8	28.0	17.8	4.1
12月末	18,707	△4.8	21,591	△5.6	98.8	31.1	8.3	2.8	1.7	5.8	27.7	17.3	4.2
2023年 1月末	19,201	△2.3	22,477	△1.7	99.0	30.9	8.5	2.9	1.7	6.0	26.9	17.9	4.1
2月末	19,524	△0.6	22,666	△0.9	99.0	30.9	8.5	2.8	1.6	5.6	27.0	18.4	4.2
3月末	19,620	△0.1	22,806	△0.3	98.9	31.1	8.8	2.8	1.6	5.7	26.6	18.5	3.9
4月末	19,988	1.7	23,107	1.1	99.0	31.0	8.8	2.8	1.6	5.5	26.9	18.7	3.8
5月末	20,646	5.1	23,914	4.6	99.1	31.7	8.7	2.9	1.5	5.5	26.5	18.5	3.7
6月末	21,895	11.5	25,304	10.7	99.0	31.5	8.3	2.8	1.4	5.3	27.2	18.8	3.7
7月末	21,718	10.6	25,109	9.8	99.1	32.0	8.4	2.8	1.5	5.5	26.6	18.6	3.6
8月末	22,151	12.8	25,483	11.5	99.0	32.0	8.3	2.8	1.4	5.4	26.8	18.9	3.5
9月末	21,749	10.7	25,106	9.8	99.0	31.5	8.1	2.9	1.4	5.4	27.3	18.8	3.6
10月末	21,375	8.8	24,565	7.4	98.9	31.4	7.9	2.8	1.4	5.3	27.5	18.9	3.5
11月末	22,419	14.1	25,877	13.2	99.1	32.2	8.2	2.9	1.4	5.4	26.7	18.9	3.4
(期末) 2023年12月11日	22,351	13.8	25,899	13.3	99.2	32.3	8.2	2.9	1.4	5.3	26.9	18.8	3.4

・騰落率は、期首比です。
・組入比率は、小数点以下第1位未満を四捨五入しているため、合計が一致しない場合があります。

当期の期首から期末にかけての、毎月の運用成績が示されている。

基準価額の期中騰落率と、参考指数の期中騰落率を比較する。

出所：セゾン投信「セゾン・グローバルバランスファンド運用報告書（全体版）」（決算日 2023年12月11日）

ポートフォリオマネージャーの見解

セゾン・グローバルバランスファンド

ー第17期ー

投資環境

【株式市場の概況】

株式市場は上昇しました。

期の初めは、ゼロコロナ政策の終了により中国経済の回復への期待が高まったほか、エネルギー価格が低下したことを背景に欧州を中心に先行きへの悲観的な見方が後退したことを受けて上昇しました。3月には米国で地方銀行が破綻したことをきっかけに金融不安が高まって下落する局面がありましたが、その後は落ち着きを取り戻して反発しました。4月から5月にかけては物価の上昇が続いていることを背景に米国や欧州で金融引き締め観測が強まるなかでも、景気の先行きに対する楽観的な見方が広がって堅調な展開となりました。6月から7月にかけては人工知能(AI)の普及への期待が高まったことを受けて米国のハイテク企業を中心に上昇しました。8月以降は米国を中心に金融引き締めが長期化するとの見方を背景に先行きへの不透明感が強まったほか、欧州や中国で景気の低迷が確認されたことを受けて下落基調となりました。10月には米国で長期金利が上昇したことを受けて下落する局面がありましたが、11月以降は物価が落ち着きつつあるとの見方を背景に、米国や欧州で政策金利の早期引き下げ観測が強まったことを受けて上昇しました。

米国は、景気が底堅く推移するとの見方が強まるなかで、人工知能(AI)の普及などによりハイテク企業の収益拡大期待が高まって上昇しました。欧州は景気が低迷を続けたものの先行きに対する悲観的な見方が後退して上昇しました。日本は株価の相対的な割安感が意識されるなかで企業価値向上の取り組みが本格化することへの期待が高まり、割安株を中心に上昇しました。新興国はゼロコロナ政策の終了後も経済活動が低迷したことを受けて中国が下落した一方で、韓国、台湾、インドなどが上昇し、全体でも上昇しました。

【国債市場の概況】

国債市場は米国が上昇し、日本とユーロ圏が下落しました。

期の初めは、米国や欧州で物価の上昇が続くなかで金融引き締め観測が強まって下落し、1月には金融引き締め観測が後退して上昇したものの、2月には再び金融引き締め観測が強まって下落しました。3月に米国で地方銀行が破綻したことをきっかけに金融不安が高まり、安全資産としての需要が高まって上昇し、4月まで堅調に推移しました。5月以降は米国や欧州で物価の上昇幅が縮小傾向となったものの、米国で金融緩和が長期化するとの見方が強まったことを受けて下落基調となりました。9月には一部の産油国が減産を発表したことをきっかけに原油価格が上昇し、物価上昇観測が強まって下落しました。10月は原油価格が反落したことを背景に底堅く推移し、11月以降は米国や欧州で物価が落ち着きつつあるとの見方が広がり、政策金利の早期引き下げ観測が強まったことを受けて上昇しました。

米国は、連邦準備制度理事会(FRB)が次第にペースを落としながらも7月まで政策金利の引き上げを行ったほか、財政赤字の拡大により国債発行額の増加が見込まれているものの、物価の伸びが落ち着きつつあることを背景に政策金利の早期引き下げ観測が強まったことを受けて終盤に反発しました。ユーロ圏は欧州中央銀行(ECB)が次第にペースを落としながら9月まで政策金利の引き上げを行ったものの、物価の伸びが落ち着きつつあることを背景に政策金利の早期引き下げ観測が強まったことを受けて終盤に反発しました。日本は、日本銀行が金融緩和を継続する方針を示しているものの、国内でも物価の上昇が確認されて金融緩和の縮小観測が強まるなかで、日本銀行が長短金利操作における長期金利の上限を徐々に引き上げたことを受けて下落しました。

【為替市場の概況】

円は下落し、対ドル、対ユーロで円安となりました。

高金利通貨を買って低金利通貨を売るキャリートレードが市場の動きを主導するなかで、ドルとユーロは次第にペースを落としながらも政策金利の引き上げが続いたことを背景に上昇しました。欧州で景気の先行きに対する悲観的な見方が後退したことを受けてユーロはドルに対しても上昇しました。円は金融緩和が長期間維持され、ドルやユーロなどとの金利差が大きい状況が続くとの見方を背景に下落しました。

期の初めは、日本銀行が長期金利の上昇を許容する政策変更を行ったことを受けて金融緩和の縮小観測が強まって円が上昇し、対ドル、対ユーロで円高となりました。その後は日本で金融緩和が長期間続くとの見方が強まって円安基調となりました。3月には米国での地方銀行の破綻をきっかけに金融不安が高まったことを受けて米国やユーロ圏

6

ファンドの運用に関連する各マーケットの動向について、ポートフォリオマネジャーの見解が示されている。

出所：セゾン投信「セゾン・グローバルバランスファンド運用報告書（全体版）」（決算日 2023年12月11日）

総経費率

セゾン・グローバルバランスファンド

ー第17期ー

<参考情報>

総経費率

当期中の運用・管理にかかった費用の総額(原則として、募集手数料、売買委託手数料及び有価証券取引税を除く。)を期中の平均受益権口数に期中の平均基準価額(1口当たり)を乗じた数で除した総経費率(年率)は0.56%です。

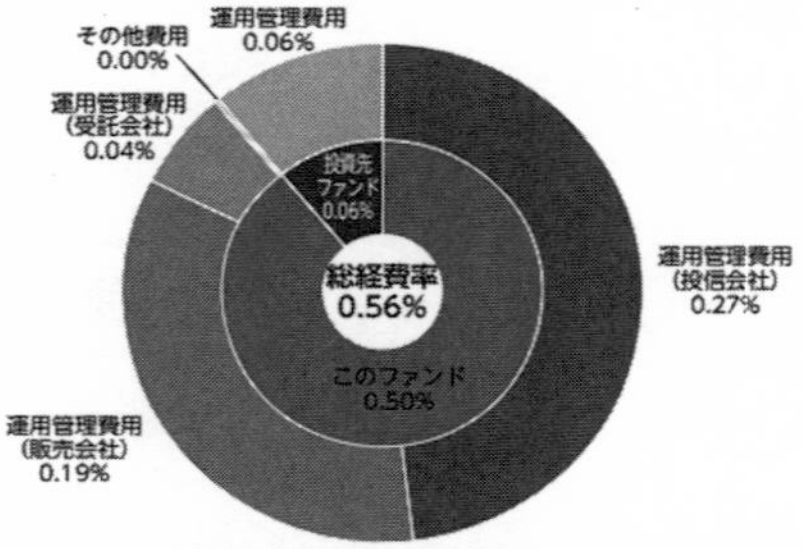

総経費率(①+②)		0.56%
①このファンドの費用の比率		0.50%
②投資先ファンドの経費率（運用管理費用以外の費用を含む）		0.06%

・①の費用は、1万口当たりの費用明細において用いた簡便法により算出したものです。
・②の費用は、各月末の投資先ファンドの保有比率に当該投資先ファンドの運用管理費率を乗じて算出した概算値です。
・各費用は、原則として、募集手数料、売買委託手数料及び有価証券取引税を含みません。
・各比率は、年率換算した値です。小数点以下第2位未満を四捨五入して表示しているため、合計が一致しない場合があります。
・投資先ファンドとは、このファンドが組入れている投資信託証券です。
・①の費用と②の費用は、計上された期間が異なる場合があります。
・上記の前提条件で算出したものです。このため、これらの値はあくまでも参考であり、実際に発生した費用の比率とは異なります。

ファンドの運用にかかったすべてのコストが示されている。信託報酬以外のコストも加味した数字なので、信託報酬以上に重要な数字。

出所：セゾン投信「セゾン・グローバルバランスファンド運用報告書（全体版）」（決算日 2023年12月11日）

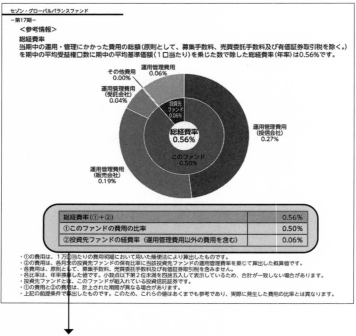

⑧損益の状況

以上に加え、セゾン・グローバルバランスファンドはさまざまなファンドに分散投資するファンド・オブ・ファンズなので、組み入れられているファンドの値動きや組入上位10銘柄なども記載されています。

前述したように①から⑧までの項目で運用状況の詳細が書かれています。

これまでの運用実績については、「最近5期の運用実績」、「当期中の基準価額等の推移」をチェックします。

中期的な運用実績の推移は、「最近5期の運用実績」を見ます。「セゾン・グローバルバランスファンド」は、年1回決算のファンドなので、過去5年分の運用実績が掲載されています。また当期の細かい値動きなどについては、「当期中の基準価額等の推移」を見ます。当期の各月末の数字が出ているので、より詳細に値動きを把握できます。「最近5期の運用実績」、「当期中の基準価額等の推移」の両者とも、各期末の基準価額、投資対象の組入比率には目を通しておきましょう。

「当期の運用状況と今後の運用方針」は、ファンドの投資しているマーケットの環境解説に加えて、当期の投資スタンスや今後の投資方針に触れています。投資信託を保有する以上、今後の運用方針を把握しておくのはもちろん、基準価額が何の影響によって変動したのかという点も押えておきたいところです。この項目には「投資環境」という項目で株式市場の概況、国債市場の概況、為替市場の概況など、ファンドの運用成績を左右するマーケットの概況が記載されていることに加え、今後の運用方針も書かれているので併せてチェックしておくといいでしょう。

もうひとつ、最近「信託報酬よりも重要なのではないか」と言われるコスト表示に「総経費率」があります。これは目論見書に記載されている信託報酬に、「その他費用」を加えたものです。つまり、そのファンドを運用するうえでかかったすべての経費の比率が示されています。ファンドによっては、信託報酬率が低いのに、総経費率が高かったなどというケースもあるので、正確な経費の状況を把握するためにもチェックしておきたいところです。

運用報告書は、目論見書と同じように、投資信託会社や販売金融機関のウェブサイトを通じて、誰でも簡単に入手できます。まだ購入していないとしても、運用報告書を入手して、ファンド選びの判断材料にできるのです。できれば、過去数期分の運用報告書をダウンロードして、運用方針などにブレがないかどうかをチェックしましょう。

運用レポートのポイント

より直近の運用状況を把握する

過去の運用状況に関する記述は、前述した運用報告書でも把握できるものの、ひとつだけ難点があります。それは決算日時点の情報を、その一定期間後に作成・公表されるため、やや情報の内容が古くなりがちだということです。

しかも年1回決算のファンドになると、運用報告書は年1回の作成になります。このため、次の情報開示は1年後になってしまいます。投資信託なので、株式ほど頻繁に情報をチェックする必要がないとはいえ、気になる人はいるでしょう。

そこで運用報告書の補完的な存在として作成されているのが「運用レポート」です。

運用レポートは法定開示書類ではなく、あくまでも投資信託会社が受益者へのサービスとして作成しているので、投資信託会社によって作成頻度などはバラバラです。なかには1週間ごとに作成しているところもあるし、1カ月ごとに作成しているところもあります。

書式のフォーマットが決められていないため、法定開示書類である運用報告書に比べると、記述内容は自由です。各月の市場動向についても運用報告書に書かれている内容に比べて、はるかにたくさんの情報量が盛り込まれています。

運用レポート

セゾン・グローバルバランスファンド
3月度運用レポート

SAISON ASSET MANAGEMENT
セゾン投信

「セゾン・グローバルバランスファンド」
運用概況（2024年3月29日現在）

長期投資家の皆さまへ

今月の当ファンドの基準価額は、投資先ファンドが日本債券に投資するものを除いて上昇したほか、為替が対ドルで円安となったことを受けて上昇しました。

当ファンドの株式と債券への投資比率は半分ずつに固定されていますが、地域別の比率は市場の規模に応じて変動しており、現時点で純資産に占める円建ての資産の比率は1割に満たず、外貨建て資産の割合が9割を超えています。また、外貨建て資産への投資においては、為替変動の影響を軽減するために為替ヘッジを行うことができますが、為替ヘッジは想定した通りに機能しないことが多いため、為替ヘッジを行っていません。

その結果、当ファンドの基準価額は為替変動による影響を大きく受けますが、為替は例外的な状況を除くと、長期では循環的に動くことから、長期的な視点で積み立て等を利用して計画的に投資を行っていただくことにより、為替変動の影響を軽減することが望ましいと考えています。

当ファンドでは引き続き、将来への予測に依存することなく、幅広く分散投資を行うことでリスクを抑えながら、皆さまの長期の資産形成に貢献できるよう努めてまいります。

ポートフォリオマネージャー　瀬下 哲雄

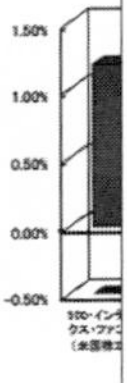

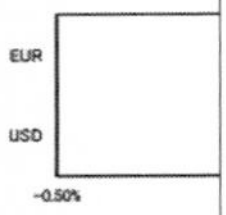

※上記の表は、投資家の皆様
き、ファンド及び為替レートの

今月の運用状況

今月は、株式市場が上昇したことを受けて終盤に株式ファンドの売却と債券ファンドの購入によるリバランスを行いました。また、積み立てなどでのご購入により皆さまからお預かりした資金を利用して、定められた投資比率に従って債券ファンドを購入しました。

運用担当者の見解が書かれているので、必ずチェックすること。

出所：セゾン投信「運用レポート（詳細版）」2024年3月度

ファンドマネジャー（運用担当者）から投資家に向けて発信されたコメントも記載されています。普段、ファンドマネジャーの意見に触れる機会はあまりありません。ところが、運用レポートであれば、毎週、あるいは毎月、ファンドマネジャーがどういう視点で投資家の資金を運用しているのかがわかります。

大半の投資信託会社は、運用レポートを過去のものも含めてダウンロードできるようになっています。たとえばマーケットが大きく動いた時など、どういう判断のもとで運用しているのかといったこともわかるので、ファンドを選ぶ際の材料として役に立つはずです。

第5章ではシミュレーション結果を表記していますが、シミュレーションは、将来起こり得る市場や社会の変動等や、税金、費用等は考慮していません。また正確性、完全性や将来の成果を保証するものではありません。

第6章

50歳から投資信託を活用して豊かな老後に必要な資産を築くには

夫婦世帯か単身者世帯かで大きく変わるライフプラン

今、単身者世帯が大幅に増えています。具体的な数字を見てみましょう。

まず50歳時点での未婚割合の推移です。令和2年版厚生労働白書にて、国立社会保障・人口問題研究所が算出したもので、50歳時点で一度も結婚をしたことがない人の割合を示しています。ちなみに2018年以降の数字は推計値になります。

それによると、2025年時点の未婚割合は、男性27・1%、女性18・5%となっています。これらの数字はその後も上昇傾向をたどり、2040年には男性が29・5%、女性が18・7%になります。

女性の場合、2030年に18・5%まで上昇した後、ほぼ横ばいで推移すると見られています。ところが男性に至っては増え続け、10人のうち3人が50歳になるまで一度も結婚したことがない人になるのです。

さらに内閣府の令和4年版高齢社会白書（全体版）によると、65歳以上人口に占める一人暮らしの人口も年々増加しています。こちらは未婚者だけでなく、離婚した人やパートナーに先立たれたケースも含まれています。2025年時点における65歳以上人口に占める一人暮らし人口は、男性が16・8%、女性が23・2%です。１９８０年までさかのぼると、それぞれの数字は男性が４・３%で、女性が11・2%でした。時代に関係なく女性の割合が高いのは、一般的に女性のほうが長生きであり、高齢になるにつれて、夫に先立たれて、一人暮らしになるケースが多いからだと思われます。

また、２０４０年の推計値では、男性が20・8%、女性が24・5%まで、それぞれ上昇します。

さて、あなたはどちらですか。結婚していらっしゃいますか。それとも独身ですか。「独身」というと、家で誰にも気を使わない、気ままなライフスタイルを頭に浮かべる人が多いと思います。結婚すれば、他人と四六時中一緒にいることになりますから、パートナーに対しても気を使うでしょうし、独身の時代に比べれば、金銭的な自由度も大幅に減ります。むろん子供が産まれたら、養育費から教育費まで、それこそ金銭に換算したら数千万円のお金が余計にかかってきます。

もちろん、結婚することによって得られるメリットもあります。

しかし、他人に気を使い、時間的にも金銭的にもゆとりがなくなるから、いっそのこと結婚しないままでいいなどと考える若者が増えるのも仕方がないのかもしれません。

気ままな独身生活を謳歌《おうか》して60代になった時、どういう暮らしになるのかを想像したことがありますか。

本書では、その良し悪しについて、あれこれ申し上げるつもりはありません。ただ経済的に考えた時、特にお財布の中身に関して申し上げると、ひょっとしたら単身者世帯は、結婚している世帯に比べて、いささか厳しい状況に直面する恐れがあります。それについて、具体的なシミュレーションを見ていただきながら説明していきたいと思います。

なぜ単身者世帯のお財布が60歳以降、厳しくなるのでしょうか。それは、やはり一馬力と二馬力の違いです。１人で働いて得る収入に比べて、２人で稼いだほうが、より大きな額になるのは言うまでもありません。

よく「○○万円の壁」などと称して、配偶者の稼ぎが年間○○万円以上になると、住民税や所得税、社会保険料が徴収されるため、それを超えないように仕事をセーブする話が話題になります。その壁を意識して仕事をセーブしたとしても、一馬力に比べれば二馬力のほうがはるかに豊かな生活になります。配偶者がフルタイムの正社員として働いていれば、受け取れる年金の額も二馬力になります。熟年離婚することなく夫婦仲良く老後を迎えれば、配偶者がフルタイム正社員で働いていた家庭のお財布は、単身者世帯より余裕が生じるでしょう。

これはシミュレーションの結果を見るとわかることです。２人で生活するのに必要なコストは、一人暮らしとあまり変わりません。逆に言えば、それだけ一人暮らしには無駄が多いことにもなるのです。つまりコストがほぼ変わらないのに、収入が一馬力では、生活が苦しくなるのは言うまでもないでしょう。特に単身者で、まったく運用をせず、ただひたすら預金で金融資産を築こうとしている人は注意が必要です。仕事からの収入が途絶え、収入の大半が年金に移行してからは、相当程度、節約をはじめとして家計の見直しを図らないと、生活が困窮するかもしれません。つまり年間収支がマイナスになり、累積赤字がどんどん増えていってしまう可能性があります。

そうならないためには、とにかく運用することをお勧めします。運用をすることにより、一人暮らしでも何とか乗り切れる可能性が出てきます。特に単身者は共働きによる二馬力ができない分、「運用」によって一馬力を二馬力相当にする必要があります。

65歳から100歳までに必要なお金を計算する

1955年時点における日本人の平均寿命は、男性が63・60歳、女性が67・75歳でした。その後はご存じのように日本人の平均寿命は延び続け、2020年時点では男性が81・56歳、女性が87・71歳となりました。そして、あくまでも推計値ですが、2040年には男性の平均寿命が83・27歳、女性が89・63歳になると見られています。

また100歳以上人口（「百歳高齢者表彰の対象者は47107人」厚生労働省）を見ると、2023年時点で男性が1万550人、女性が8万1589人で、合計9万2139人。ちなみに「老人福祉法」が制定された1963年における100歳以上人口は全国でたったの153人でしたから、この60年間で100歳以上人口は爆発的に増えたことになります。

それを考えると、そう遠くない将来、日本人は100歳まで生きるのが珍しくないことになる可能性は、決して低くないと思われます。

そういう時代を生きていくうえで、私たちは老後に必要とされるお金についても、根本的に見直していく必要があります。これまでは長くとも90歳くらいまで生きる前提で老後資金を準備すれば良かったのに、これからは100歳を前提にして準備する必要があるのです。

では実際問題、100歳まで生きたら、どのくらいのお金が必要になるのでしょうか。

夫婦子供あり世帯を例に挙げてみましょう。夫婦ともに同年齢で、65歳から100歳までに必要と考えられる支出の合計金額を計算してみます。65歳以降の支出に関連する前提条件は、次のようになります。

●子供は大学2年生で残りの教育資金負担は3年（年間54万円）。自宅から通学。卒業後は独立することを想定し算出。
●現在の預貯金は２００万円。
●住宅ローンは月10万円返済。ただし65歳で完済。
●税金と社会保険料は65歳時に年額46万円。66歳以降は年額23万円。ただし75歳以降は後期高齢者で年額30万円。
●80歳になった時、夫婦でサービス付高齢者住宅に入居。入居一時金として2人で２００万円。その後の家賃は年額１８０万円。
●生活費は年間約３４０万円からスタート。66～74歳まではリタイア前の支出の70％に低減（66歳時、年間約279万円）。75～１００歳まではリタイア前の支出の60％に低減（75歳時、年間約２６1万円）。インフレを加味して年1％ずつ増加。

以上の条件を付与して計算した支出の合計額は、1億５８５２万円です。

「２０００万円問題なんて、まったくのウソじゃないか！」と思った人もいるでしょう。大丈夫です。1億５８５２万円といっても、これはあくまでも支出の合計額であって、年金などの収入はまったく考慮されていません。本当の収支を計算するためには、収入の合計額も併せて計算する必要があります。

収入に関しては、まず夫婦共働きを前提にします。そのうえでの収入に関する前提条件は、次のようになります。

- 夫の税込年収は500万円、妻は300万円。
- 65歳定年時に受け取れる退職金は、夫が1000万円、妻が300万円。
- 年収はインフレを考慮して年1％ずつ上昇することを前提にする。
- 65歳からの年金額は、夫が年209万円、妻が年157万円。

以上の条件を付与して計算した、65歳から100歳までに得られる収入の合計額は、1億4476万円です。

収入が1億4476万円に対して支出が1億5852万円ですから、差額は支出が収入を1376万円上回ることになりました。

「支出が収入を1376万円も上回ってしまうの？」とショックを受ける人もいるでしょうか。

でも、よく考えてみてください。65歳から100歳までの収入は、65歳の時に受け取れる1300万円の退職金と、毎年受け取る366万円の年金だけです。つまり貯蓄は一切、考慮されていません。それでも退職金と年金だけで、1億4476万円ものキャッシュを得ることができる点を、しっかり理解しておきましょう。皆さんがミニマムな生活で十分だとおっしゃるなら、自助努力で準備するのは差額の１３７６万円分だけでいいのです。

単身者の場合はどうなるでしょうか。65歳から１００歳までにかかる支出から見ていきましょう。

- 賃貸に住み続ける。家賃は月７万円。更新料込（2年更新、更新料家賃1カ月分）。ただし75歳からサービス付高齢者住宅に入居。一時金が１００万円で、家賃は年額１８０万円。
- 税金と社会保険料は65歳時に年額23万円。66歳以降は年額11万円。ただし75歳以降は後期高齢者で年額13万円。
- 生活費は年間約１７４万円スタート。50～74歳まで低減なし。75歳から60％に低減（75歳時、年間約１３４万円）。インフレを加味して年１％ずつ増加。

以上の条件を付与して計算した、65歳から１００歳までにかかる支出の合計額は、１億１８６５万円です。

一方、収入の前提条件は、

- 税込年収は５００万円。
- 現在預貯金０円。
- 65歳定年時に受け取れる退職金は、１０００万円。

	9	10	11	12	13	14	15	16	17	18	19	20
	2032	2033	2034	2035	2036	2037	2038	2039	2040	2041	2042	2043
	58	59	60	61	62	63	64	65	66	67	68	69
	58	59	60	61	62	63	64	65	66	67	68	69
	28	29	30	31	32	33	34	35	36	37	38	39
	541	547	552	552	552	552	552	1000	0	0	0	0
	0	0	0	0	0	0	0	209	209	209	209	209
	328	331	331	331	331	331	331	300	0	0	0	0
	0	0	0	0	0	0	0	157	157	157	157	157
	0	0	0	0	0	0	0	0	0	0	0	0
	0	0	0	0	0	0	0	0	0	0	0	0
	866	875	884	884	884	884	884	1666	366	366	366	336
	368	372	375	379	383	387	391	394	279	282	284	287
	0	0	0	0	0	0	0	0	0	0	0	0
	0	0	0	0	0	0	0	0	0	0	0	0
	120	120	120	120	120	120	120	120	0	0	0	0
	0	0	0	0	0	0	0	0	0	0	0	0
	0	0	0	0	0	0	0	0	0	0	0	0
	194	196	198	198	198	198	198	46	23	23	23	23
	(0)	(0)	(0)	(0)	(0)	(0)	(0)	(0)	(0)	(0)	(0)	(0)
	0	0	0	0	0	0	0	0	0	0	0	0
	0	0	0	0	0	0	0	0	0	0	0	0
	682	688	694	697	701	705	709	560	302	305	308	310
	185	187	190	186	183	179	175	1105	63	61	58	55
	557	625	695	762	825	884	939	1925	2248	2568	2885	3200
	1614	1873	2152	2454	2780	3132	3512	3923	3977	4036	4100	4169
	2172	2498	2848	3216	3605	4016	4451	5847	6225	6604	6985	7369
	0	0	0	0	0	0	0	0	0	0	0	0
	0	0	0	0	0	0	0	0	0	0	0	0
	120	120	120	120	120	120	120	0	0	0	0	0

50歳夫婦共働き子供1人世帯のキャッシュフロー（50〜69歳）

今後のキャッシュフロー		1	2	3	4	5	6	7	8
		2024	2025	2026	2027	2028	2029	2030	2031
年齢	ご本人様	50	51	52	53	54	55	56	57
	配偶者様	50	51	52	53	54	55	56	57
	第1子様	20	21	22	23	24	25	26	27
収入	ご本人様収入	500	505	510	515	520	526	531	536
	ご本人様年金	0	0	0	0	0	0	0	0
	配偶者様収入	300	303	306	309	312	318	322	325
	配偶者様年金	0	0	0	0	0	0	0	0
	保険受取	0	0	0	0	0	0	0	0
	その他収入	0	0	0	0	0	0	0	0
	収入合計	800	808	816	824	832	841	849	858
支出	生活費	340	343	347	350	354	357	361	364
	支払い保険料	0	0	0	0	0	0	0	0
	住宅関連費	0	0	0	0	0	0	0	0
	住宅ローン返済額	120	120	120	120	120	120	120	120
	子供関連費	54	54	54	0	0	0	0	0
	自動車関連費	0	0	0	0	0	0	0	0
	税・社保	167	169	170	182	185	187	189	191
	（住宅ローン控除額）	(0)	(0)	(0)	(0)	(0)	(0)	(0)	(0)
	その他借入金返済	0	0	0	0	0	0	0	0
	特別支出	0	0	0	0	0	0	0	0
	支出合計	680	685	691	653	658	664	670	676
年間支出		120	123	125	172	174	177	179	182
金融資産	流動性資金	200	203	208	260	314	371	430	493
	運用資産残高	127	267	418	581	757	947	1153	1375
	金融資産合計	327	470	626	841	1071	1318	1583	1867
住宅ローン残高		0	0	0	0	0	0	0	0
本人死亡保険金		0	0	0	0	0	0	0	0
運用積立額		120	120	120	120	120	120	120	120

・ミライズは未来をシミュレーションするもので断定をするものではございません
・税金や年金等データにつきましては出典元より掲載しておりますが法改正等により変化することをご了承ください

出所：「milizePro」を使用してセゾン投信にて作成

	29	30	31	32	33	34	35	36	37	38	39	40
	2052	2053	2054	2055	2056	2057	2058	2059	2060	2061	2062	2063
	78	79	80	81	82	83	84	85	86	87	88	89
	78	79	80	81	82	83	84	85	86	87	88	89
	48	49	50	51	52	53	54	55	56	57	58	59
	0	0	0	0	0	0	0	0	0	0	0	0
	209	209	209	209	209	209	209	209	209	209	209	209
	0	0	0	0	0	0	0	0	0	0	0	0
	157	157	157	157	157	157	157	157	157	157	157	157
	0	0	0	0	0	0	0	0	0	0	0	0
	0	0	0	0	0	0	0	0	0	0	0	0
	366	366	366	366	366	366	366	366	366	366	366	336
	269	272	275	277	280	283	286	289	292	295	297	300
	0	0	0	0	0	0	0	0	0	0	0	0
	0	0	0	0	0	0	0	0	0	0	0	0
	0	0	0	0	0	0	0	0	0	0	0	0
	0	0	0	0	0	0	0	0	0	0	0	0
	0	0	0	0	0	0	0	0	0	0	0	0
	30	30	30	30	30	30	30	30	30	30	30	30
	(0)	(0)	(0)	(0)	(0)	(0)	(0)	(0)	(0)	(0)	(0)	(0)
	0	0	0	0	0	0	0	0	0	0	0	0
	0	0	380	180	180	180	180	180	180	180	180	180
	299	302	685	487	490	493	496	499	501	504	507	510
	66	64	-319	-122	-125	-127	-130	-133	-136	-139	-142	-145
	6049	6373	6314	6452	6587	6719	6849	6976	7100	7221	7339	7454
	5097	5245	5406	5579	5766	5968	6187	6422	6677	6952	7249	7570
	11146	11618	11719	12031	12353	12688	13035	13398	13777	14172	14588	15023
	0	0	0	0	0	0	0	0	0	0	0	0
	0	0	0	0	0	0	0	0	0	0	0	0
	0	0	0	0	0	0	0	0	0	0	0	0

50歳夫婦共働き子供1人世帯のキャッシュフロー（70～89歳）

今後のキャッシュフロー		21	22	23	24	25	26	27	28
		2044	2045	2046	2047	2048	2049	2050	2051
年齢	ご本人様	70	71	72	73	74	75	76	77
	配偶者様	70	71	72	73	74	75	76	77
	第1子様	40	41	42	43	44	45	46	47
収入	ご本人様収入	0	0	0	0	0	0	0	0
	ご本人様年金	209	209	209	209	209	209	209	209
	配偶者様収入	0	0	0	0	0	0	0	0
	配偶者様年金	157	157	157	157	157	157	157	157
	保険受取	0	0	0	0	0	0	0	0
	その他収入	0	0	0	0	0	0	0	0
	収入合計	366	366	366	366	366	366	366	366
支出	生活費	290	293	296	299	302	261	264	267
	支払い保険料	0	0	0	0	0	0	0	0
	住宅関連費	0	0	0	0	0	0	0	0
	住宅ローン返済額	0	0	0	0	0	0	0	0
	子供関連費	0	0	0	0	0	0	0	0
	自動車関連費	0	0	0	0	0	0	0	0
	税・社保	23	23	23	23	23	30	30	30
	（住宅ローン控除額）	(0)	(0)	(0)	(0)	(0)	(0)	(0)	(0)
	その他借入金返済	0	0	0	0	0	0	0	0
	特別支出	0	0	0	0	0	0	0	0
	支出合計	313	316	319	322	325	291	294	297
年間支出		52	49	46	43	40	74	72	69
金融資産	流動性資金	3512	3820	4126	4429	4729	5063	5395	5723
	運用資産残高	4243	4323	4410	4504	4605	4714	4832	4959
	金融資産合計	7755	8144	8537	8933	9334	9777	10227	10683
住宅ローン残高		0	0	0	0	0	0	0	0
本人死亡保険金		0	0	0	0	0	0	0	0
運用積立額		0	0	0	0	0	0	0	0

・ミライズは未来をシミュレーションするもので断定をするものではございません
・税金や年金等データにつきましては出典元より掲載しておりますが法改正等により変化することをご了承ください

出所：「milizePro」を使用してセゾン投信にて作成

	49	50	51	52	53	54	55	56	57	58	59	60
	2072	2073	2074	2075	2076	2077	2078	2079	2080	2081	2082	2083
	98	99	100									
	98	99	100									
	68	69	70	71	72	73	74	75	76	77	78	79
	0	0	0	0	0	0	0	0	0	0	0	0
	209	209	209	0	0	0	0	0	0	0	0	0
	0	0	0	0	0	0	0	0	0	0	0	0
	157	157	157	0	0	0	0	0	0	0	0	0
	0	0	0	0	0	0	0	0	0	0	0	0
	0	0	0	0	0	0	0	0	0	0	0	0
	366	366	366	0	0	0	0	0	0	0	0	0
	329	332	335	0	0	0	0	0	0	0	0	0
	0	0	0	0	0	0	0	0	0	0	0	0
	0	0	0	0	0	0	0	0	0	0	0	0
	0	0	0	0	0	0	0	0	0	0	0	0
	0	0	0	0	0	0	0	0	0	0	0	0
	0	0	0	0	0	0	0	0	0	0	0	0
	30	30	30	0	0	0	0	0	0	0	0	0
	(0)	(0)	(0)	(0)	(0)	(0)	(0)	(0)	(0)	(0)	(0)	(0)
	0	0	0	0	0	0	0	0	0	0	0	0
	180	180	180	0	0	0	0	0	0	0	0	0
	538	542	545	0	0	0	0	0	0	0	0	0
	-173	-176	-180	0	0	0	0	0	0	0	0	0
	8352	8436	8516	0	0	0	0	0	0	0	0	0
	11895	12587	13335	0	0	0	0	0	0	0	0	0
	20247	21023	21851	0	0	0	0	0	0	0	0	0
	0	0	0	0	0	0	0	0	0	0	0	0
	0	0	0	0	0	0	0	0	0	0	0	0
	0	0	0	0	0	0	0	0	0	0	0	0

50歳夫婦共働き子供1人世帯のキャッシュフロー（90～100歳）

今後のキャッシュフロー		41	42	43	44	45	46	47	48
		2064	2065	2066	2067	2068	2069	2070	2071
年齢	ご本人様	90	91	92	93	94	95	96	97
	配偶者様	90	91	92	93	94	95	96	97
	第1子様	60	61	62	63	64	65	66	67
収入	ご本人様収入	0	0	0	0	0	0	0	0
	ご本人様年金	209	209	209	209	209	209	209	209
	配偶者様収入	0	0	0	0	0	0	0	0
	配偶者様年金	157	157	157	157	157	157	157	157
	保険受取	0	0	0	0	0	0	0	0
	その他収入	0	0	0	0	0	0	0	0
	収入合計	366	366	366	366	366	366	366	366
支出	生活費	303	306	310	313	316	319	322	325
	支払い保険料	0	0	0	0	0	0	0	0
	住宅関連費	0	0	0	0	0	0	0	0
	住宅ローン返済額	0	0	0	0	0	0	0	0
	子供関連費	0	0	0	0	0	0	0	0
	自動車関連費	0	0	0	0	0	0	0	0
	税・社保	30	30	30	30	30	30	30	30
	（住宅ローン控除額）	(0)	(0)	(0)	(0)	(0)	(0)	(0)	(0)
	その他借入金返済	0	0	0	0	0	0	0	0
	特別支出	180	180	180	180	180	180	180	180
	支出合計	513	516	519	522	526	529	532	535
年間支出		-148	-151	-154	-157	-160	-163	-166	-170
金融資産	流動性資金	7566	7675	7781	7884	7984	8081	8174	8265
	運用資産残高	7916	8290	8694	9130	9602	10110	10660	11254
	金融資産合計	15482	15965	16475	17014	17586	18191	18834	19518
住宅ローン残高		0	0	0	0	0	0	0	0
本人死亡保険金		0	0	0	0	0	0	0	0
運用積立額		0	0	0	0	0	0	0	0

・ミライズは未来をシミュレーションするもので断定をするものではございません
・税金や年金等データにつきましては出典元より掲載しておりますが法改正等により変化することをご了承ください

出所：「milizePro」を使用してセゾン投信にて作成

50歳2人以上世帯月10万円運用した場合の資産推移

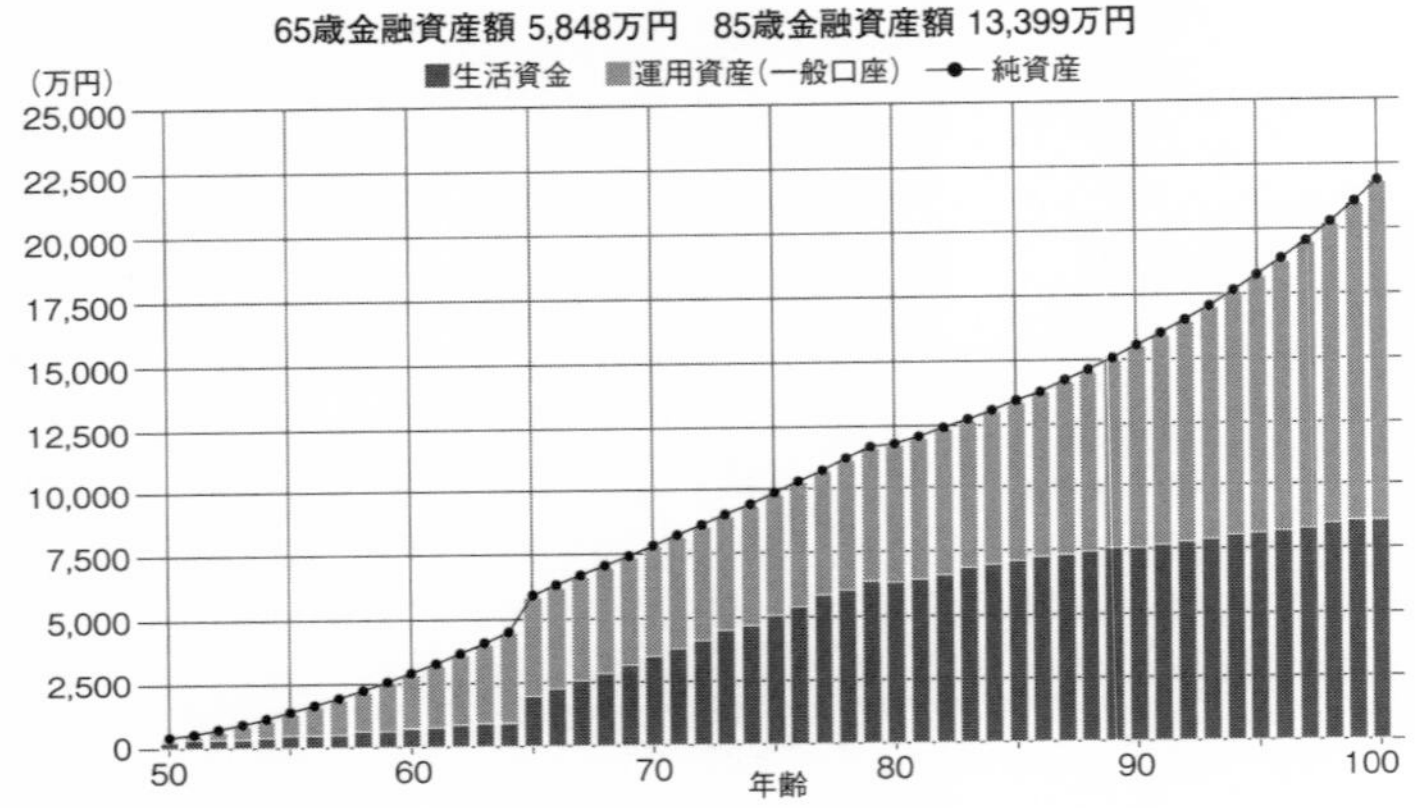

出所：「milizePro」を使用してセゾン投信にて作成

- 年収はインフレを考慮して年1％ずつ上昇することを前提にする。
- 65歳からの年金額は年168万円。

以上の条件を付与して計算した、65歳から100歳までに得られる収入の合計額は、6880万円です。

比較するとわかるとおり、単身者の支出は、夫婦2人の場合に比べて25％少なくて済むのです。ところが収入も1人分でしかなく、夫婦共働きの場合に比べると、収入は52％も低いことになります。

単身者の場合、夫婦共働きの場合に比べて収入が52％も少ないのに、支出は25％しか下がらないのです。これが単身者の最大の問題点といってもいいでしょう。一人暮らしは何かと不経済なのです。

これが人生のキャッシュフローに大きな影響を及ぼします。100歳になった時点で、まだ多額の金融資産を持っている人もいれば、赤字がかさんで金融資産を取り崩した挙げ句、底をついてしまい、にっちもさっちもいかなくなってしまう人もいます。その差はなぜ生じるのでしょうか。

運用するかしないかの違い

100歳まで生きることを前提にした時、人生のキャッシュフローで一番、窮地《きゅうち》に陥りがちなのは単身者世帯です。しかも資産運用にはまったく関心がなく、預貯金にお金を置きっぱなしにしている人を例に、どうなるのかを数字で見てみましょう。

次ページに掲載したキャッシュフローは、単身者が100歳まで生きたことを前提にしたものです。本人が50歳になった時、「ああ、自分も少し老後のことを考えなければな……」などと一念発起して、年間で生じる収支の黒字分を全額、預貯金に預け続けている人のケースです。何しろ年間の黒字を全額、預貯金に回していますから、かなりのペースでお金が貯まっていきます。65歳の直前、定年間際の64歳時点で、預金の額はすでに2054万円に達し、退職金を受け取った65歳の時には、預貯金残高が2915万円にもなり

50歳単身者預貯金のみのキャッシュフロー

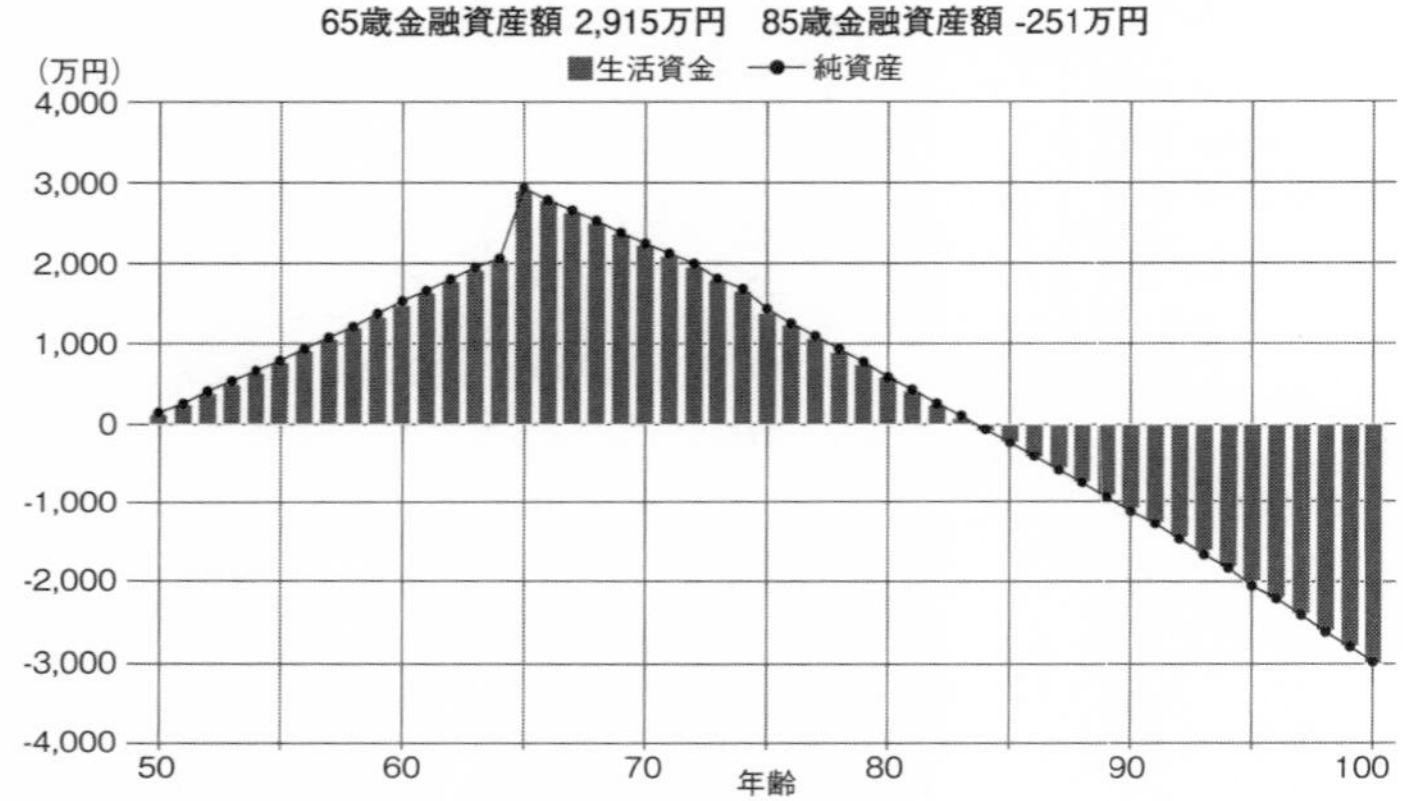

出所：「milizePro」を使用してセゾン投信にて作成

ました。

これなら余裕でしょうか？

年間収支を見ると、定年翌年の本人が66歳になった時点で、すでに年間収支は赤字に転じています。住宅関連費は50歳からずっと変わらず、月額７万円の単身者向けマンションで生活しているので、年１６８万円の年金収入に対して、生活費負担が重くのしかかっているのがわかります。

つまり、よほどの努力をして生活費を切り詰めないと、単身者の場合、50歳から65歳までの間につくった金融資産を、あっという間に食いつぶすことになりかねないのです。

実際、単身者で預金にしかお金を預けていない人のキャッシュフローを見ると、年間収支のマイナスが66歳以降に続いていて、預貯金の額がどんどん減っていくのがわかります。そして84歳になった時には金融資産が底を尽き、しかも80万円のマイナスになっています。預貯金の額にマイナスはあり得ませんから、いよいよ借金生活に突入したことになります。

キャッシュフローは一応、100歳になるまでを描いているので、そこまでの数字を追っていくと、100歳の時点では、3000万円もの借金を背負っていることになります。もちろん、そんな高齢者に対し、積極的にお金を融資する金融機関は存在しませんから、生活保護を受ける等、考えなければいけません。

いかがですか。50歳で独身。かつ今まで一度たりとも株式投資などの資産運用を経験したことがない人は案外いるのではないでしょうか。もちろん年収が数千万円あって金融資産も億単位というお金持ちはよほどのことがない限り、老後の生活はほぼ安泰でしょう。

でも、そのような人は極めて少数だと思われます。大半の人、つまりこのシミュレーションの事例として挙げた年収500万円でまだ投資の経験がゼロという人は、そういう自分になりたいのかどうかを自問自答してみてはいかがでしょうか。

自分が高齢になってからも、経済的にゆとりのある生活を送りたいと考えるならば、取るべき行動は資産運用を検討することです。

	9	10	11	12	13	14	15	16	17	18	19	20
	2032	2033	2034	2035	2036	2037	2038	2039	2040	2041	2042	2043
	58	59	60	61	62	63	64	65	66	67	68	69
	541	547	552	552	552	552	552	1000	0	0	0	0
	0	0	0	0	0	0	0	0	0	0	0	0
	0	0	0	0	0	0	0	0	0	0	0	0
	0	0	0	0	0	0	0	0	0	0	0	0
	541	547	552	552	552	552	552	1168	168	168	168	168
	188	190	192	194	196	198	200	202	204	206	208	210
	0	0	0	0	0	0	0	0	0	0	0	0
	84	91	84	91	84	91	84	91	84	91	84	91
	0	0	0	0	0	0	0	0	0	0	0	0
	0	0	0	0	0	0	0	0	0	0	0	0
	0	0	0	0	0	0	0	0	0	0	0	0
	125	127	128	128	128	128	128	23	11	11	11	11
	(0)	(0)	(0)	(0)	(0)	(0)	(0)	(0)	(0)	(0)	(0)	(0)
	0	0	0	0	0	0	0	0	0	0	0	0
	0	0	0	0	0	0	0	0	0	0	0	0
	397	408	404	413	408	417	412	316	299	308	300	312
	144	139	148	139	144	135	140	852	B(-131)	-140	-135	-140
	119	139	167	186	211	226	247	979	1108	1228	1352	1468
	1614	1873	2152	2454	2780	3132	3512	3923	3977	4036	4100	4169
	1734	2011	2319	2640	2991	3358	3759	4902	5085	5264	5452	5637
	0	0	0	0	0	0	0	0	0	0	0	0
	0	0	0	0	0	0	0	0	0	0	0	0
	120	120	120	120	120	120	120	120	0	0	0	0

50歳単身者のキャッシュフロー（50〜69歳）

今後のキャッシュフロー		1	2	3	4	5	6	7	8
		2024	2025	2026	2027	2028	2029	2030	2031
年齢	ご本人様	50	51	52	53	54	55	56	57
収入	ご本人様収入	500	505	510	515	520	526	531	536
	ご本人様年金	0	0	0	0	0	0	0	0
	保険受取	0	0	0	0	0	0	0	0
	その他収入	0	0	0	0	0	0	0	0
	収入合計	500	505	510	515	520	526	531	536
支出	生活費	174	176	177	179	181	183	184	186
	支払い保険料	0	0	0	0	0	0	0	0
	住宅関連費	84	91	84	91	84	91	84	91
	住宅ローン返済額	0	0	0	0	0	0	0	0
	子供関連費	0	0	0	0	0	0	0	0
	自動車関連費	0	0	0	0	0	0	0	0
	税・社保	113	115	116	118	119	121	122	124
	（住宅ローン控除額）	(0)	(0)	(0)	(0)	(0)	(0)	(0)	(0)
	その他借入金返済	0	0	0	0	0	0	0	0
	特別支出	0	0	0	0	0	0	0	0
	支出合計	371	381	378	388	384	394	391	401
A（年間収支）		129	124	132	127	136	131	140	135
金融資産	流動性資金	9	12	25	32	48	60	80	95
	運用資産残高	127	267	418	581	757	947	1153	1375
	金融資産合計	136	279	443	613	806	1007	1233	1470
住宅ローン残高		0	0	0	0	0	0	0	0
本人死亡保険金		0	0	0	0	0	0	0	0
運用積立額		120	120	120	120	120	120	120	120

・ミライズは未来をシミュレーションするもので断定をするものではございません
・税金や年金等データにつきましては出典元より掲載しておりますが法改正等により変化することをご了承ください

出所：「milizePro」を使用してセゾン投信にて作成

	29	30	31	32	33	34	35	36	37	38	39	40
	2052	2053	2054	2055	2056	2057	2058	2059	2060	2061	2062	2063
	78	79	80	81	82	83	84	85	86	87	88	89
	0	0	0	0	0	0	0	0	0	0	0	0
	168	168	168	168	168	168	168	168	168	168	168	168
	0	0	0	0	0	0	0	0	0	0	0	0
	0	0	0	0	0	0	0	0	0	0	0	0
	168	168	168	168	168	168	168	168	168	168	168	168
	138	139	140	142	143	145	146	148	149	151	152	154
	0	0	0	0	0	0	0	0	0	0	0	0
	0	0	0	0	0	0	0	0	0	0	0	0
	0	0	0	0	0	0	0	0	0	0	0	0
	0	0	0	0	0	0	0	0	0	0	0	0
	0	0	0	0	0	0	0	0	0	0	0	0
	13	13	13	13	13	13	13	13	13	13	13	13
	(0)	(0)	(0)	(0)	(0)	(0)	(0)	(0)	(0)	(0)	(0)	(0)
	0	0	0	0	0	0	0	0	0	0	0	0
	180	180	180	180	180	180	180	180	180	180	180	180
	331	332	334	335	336	338	339	341	342	344	345	347
	-163	-164	-166	-167	-168	-170	-171	-173	-174	-176	-177	-179
	2329	2424	2518	2610	2701	2790	2878	2964	3049	3133	3215	3295
	5097	5245	5406	5579	5766	5968	6187	6422	6677	6952	7249	7570
	7426	7669	7923	8189	8467	8758	9064	9387	9726	10085	10463	10864
	0	0	0	0	0	0	0	0	0	0	0	0
	0	0	0	0	0	0	0	0	0	0	0	0
	0	0	0	0	0	0	0	0	0	0	0	0

50歳単身者のキャッシュフロー（70〜89歳）

今後のキャッシュフロー		21	22	23	24	25	26	27	28
		2044	2045	2046	2047	2048	2049	2050	2051
年齢	ご本人様	70	71	72	73	74	75	76	77
収入	ご本人様収入	0	0	0	0	0	0	0	0
	ご本人様年金	168	168	168	168	168	168	168	168
	保険受取	0	0	0	0	0	0	0	0
	その他収入	0	0	0	0	0	0	0	0
	収入合計	168	168	168	168	168	168	168	168
支出	生活費	212	214	216	218	221	134	135	136
	支払い保険料	0	0	0	0	0	0	0	0
	住宅関連費	84	91	84	91	84	0	0	0
	住宅ローン返済額	0	0	0	0	0	0	0	0
	子供関連費	0	0	0	0	0	0	0	0
	自動車関連費	0	0	0	0	0	0	0	0
	税・社保	11	11	11	11	11	13	13	13
	（住宅ローン控除額）	(0)	(0)	(0)	(0)	(0)	(0)	(0)	(0)
	その他借入金返済	0	0	0	0	0	0	0	0
	特別支出	0	0	0	0	0	280	180	180
	支出合計	307	316	311	320	316	427	328	330
年間支出		-139	-148	-143	-152	-148	-259	-160	-162
金融資産	流動性資金	1588	1700	1816	1923	2035	2035	2135	2232
	運用資産残高	4243	4243	4410	4504	4605	4714	4832	4959
	金融資産合計	5832	6023	6226	6427	6640	6750	6967	7192
住宅ローン残高		0	0	0	0	0	0	0	0
本人死亡保険金		0	0	0	0	0	0	0	0
運用積立額		0	0	0	0	0	0	0	0

・ミライズは未来をシミュレーションするもので断定をするものではございません
・税金や年金等データにつきましては出典元より掲載しておりますが法改正等により変化することをご了承ください

出所：「milizePro」を使用してセゾン投信にて作成

	49	50	51	52	53	54	55	56	57	58	59	60
	2072	2073	2074	2075	2076	2077	2078	2079	2080	2081	2082	2083
	98	99	100									
	0	0	0	0	0	0	0	0	0	0	0	0
	168	168	168	0	0	0	0	0	0	0	0	0
	0	0	0	0	0	0	0	0	0	0	0	0
	0	0	0	0	0	0	0	0	0	0	0	0
	168	168	168	0	0	0	0	0	0	0	0	0
	168	170	171	0	0	0	0	0	0	0	0	0
	0	0	0	0	0	0	0	0	0	0	0	0
	0	0	0	0	0	0	0	0	0	0	0	0
	0	0	0	0	0	0	0	0	0	0	0	0
	0	0	0	0	0	0	0	0	0	0	0	0
	0	0	0	0	0	0	0	0	0	0	0	0
	13	13	13	0	0	0	0	0	0	0	0	0
	(0)	(0)	(0)	(0)	(0)	(0)	(0)	(0)	(0)	(0)	(0)	(0)
	0	0	0	0	0	0	0	0	0	0	0	0
	180	180	180	0	0	0	0	0	0	0	0	0
	361	363	364	0	0	0	0	0	0	0	0	0
	-193	-195	-196	0	0	0	0	0	0	0	0	0
	3947	4011	4073	0	0	0	0	0	0	0	0	0
	11895	12587	13335	0	0	0	0	0	0	0	0	0
	15842	16598	17408	0	0	0	0	0	0	0	0	0
	0	0	0	0	0	0	0	0	0	0	0	0
	0	0	0	0	0	0	0	0	0	0	0	0
	0	0	0	0	0	0	0	0	0	0	0	0

50歳単身者のキャッシュフロー（90〜100歳）

今後のキャッシュフロー		41	42	43	44	45	46	47	48
		2064	2065	2066	2067	2068	2069	2070	2071
年齢	ご本人様	90	91	92	93	94	95	96	97
収入	ご本人様収入	0	0	0	0	0	0	0	0
	ご本人様年金	168	168	168	168	168	168	168	168
	保険受取	0	0	0	0	0	0	0	0
	その他収入	0	0	0	0	0	0	0	0
	収入合計	168	168	168	168	168	168	168	168
支出	生活費	155	157	158	160	161	163	165	166
	支払い保険料	0	0	0	0	0	0	0	0
	住宅関連費	91	84	91	84	91	0	0	0
	住宅ローン返済額	0	0	0	0	0	0	0	0
	子供関連費	0	0	0	0	0	0	0	0
	自動車関連費	0	0	0	0	0	0	0	0
	税・社保	13	13	13	13	13	13	13	13
	(住宅ローン控除額)	(0)	(0)	(0)	(0)	(0)	(0)	(0)	(0)
	その他借入金返済	0	0	0	0	0	0	0	0
	特別支出	180	180	180	180	180	180	180	180
	支出合計	348	350	351	353	355	356	358	359
年間支出		-180	-182	-183	-185	-187	-188	-190	-191
金融資産	流動性資金	3374	3451	3527	3601	3673	3744	3813	3881
	運用資産残高	7916	8290	8694	9130	9602	10110	10660	11254
	金融資産合計	11290	11741	12221	12731	13275	13855	14473	15135
住宅ローン残高		0	0	0	0	0	0	0	0
本人死亡保険金		0	0	0	0	0	0	0	0
運用積立額		0	0	0	0	0	0	0	0

・ミライズは未来をシミュレーションするもので断定をするものではございません
・税金や年金等データにつきましては出典元より掲載しておりますが法改正等により変化することをご了承ください

出所：「milizePro」を使用してセゾン投信にて作成

50歳単身者が月10万円運用した場合の資産推移

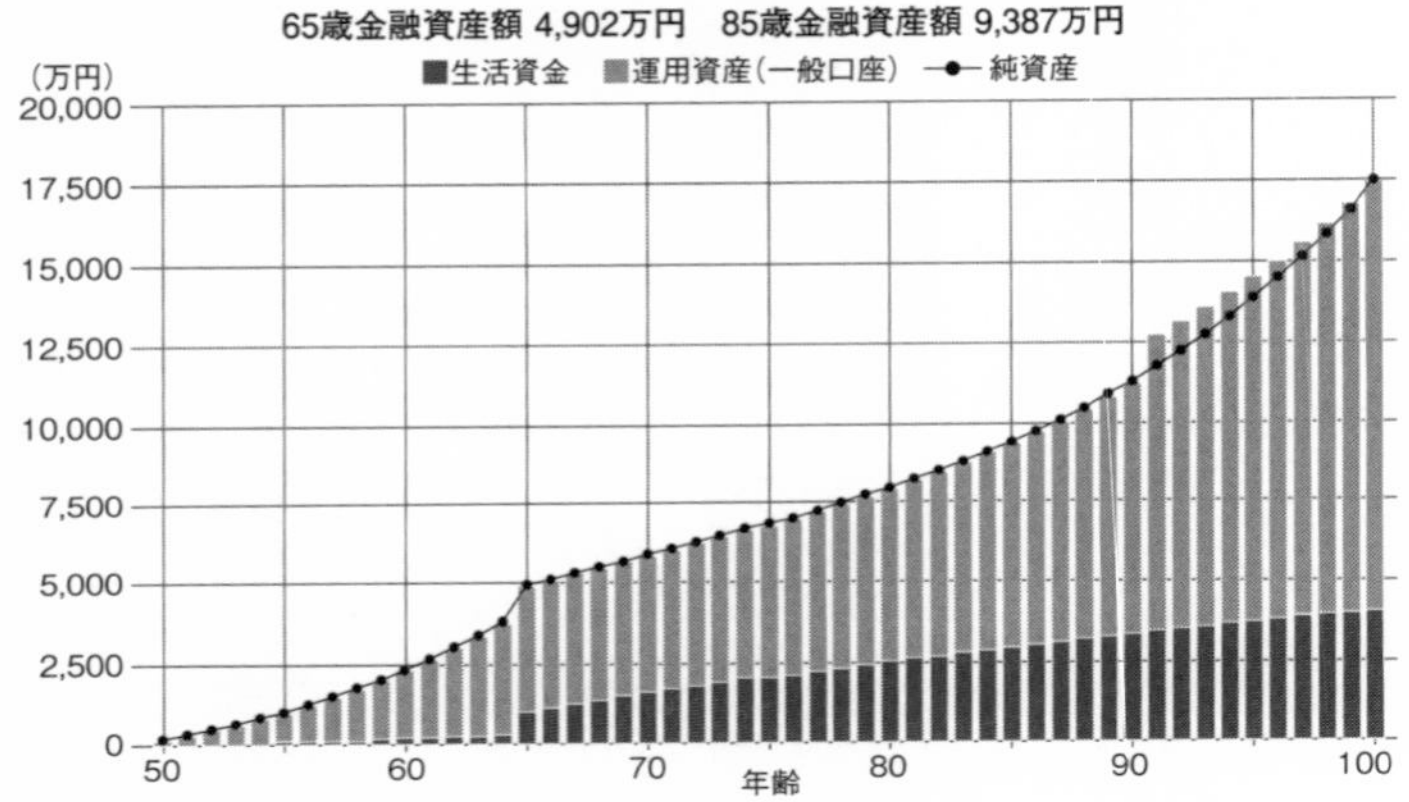

出所：「milizePro」を使用してセゾン投信にて作成

50歳の単身者が資産運用を開始しました。

運用対象は投資信託です。手前みそで恐縮ですが、「セゾン資産形成の達人ファンド」を用いて運用したことにします。過去のトラックレコードになりますが、年換算収益率は8・95％（2024年3月末時点）でした。今回は年率8％で試算してみます。

これで毎月10万円ずつ積立投資を続けていくと、65歳の時点で運用資産残高は3923万円になります。かつ、年間収支から120万円の積立を行った後、それでも余った分については預貯金（年利0・01％想定）に置いておきます。この額も65歳の時点では、979万円になっています。合計で4902万円もの金融資産総額になっているのです。

ポイントは年間収支Aがマイナスに転じる66歳以降の数字Bです（184～185ページの表参照）。マイナス分は当然のことながら、それまで形成してきた金融資産から取り崩して生活費に充てていくわけです。驚くことに、それでも金融資産の合計額が減っていないのです。66歳以降は運用資産から年間240万円を取り崩し、それを預貯金に移したうえで生活費として使っていく流れで計算しています。それでも運用が年平均8％でできたとしたら、年間240万円を取り崩してもなお、資産が増えていくのです。

結論はどうなるのかというと、100歳まで取り崩しながら運用を続けたとして、100歳時点の金融資産は、預貯金が4073万円、運用資産が1億3335万円で、合計額は1億7408万円になるのです。

運用するかしないかによって、これだけ大きな差が生じてくるのです。単身者で生涯、結婚するつもりがないという人は、自分が働いて稼ぐだけではなく、資産運用を上手に組み合わせることによって、二馬力を確保してください。そうすれば、少なくとも老後の金銭面における不安は、かなりの程度まで軽減できるはずです。

50歳からの15年間で老後生活に必要なお金をつくる運用を考える

50歳は、自分の老後に必要な資金をつくる最後のチャンスかもしれません。子供の手が離れ、住宅ローンの返済も終わって生活費が大幅に減ったという恵まれた状況にある人だったら、全力で老後の資産づくりに邁進《まいしん》して欲しいと思います。

あるいは単身者でも、生活費を大きく削ることができるのであれば、それを実行に移して、少しでも多くの金額を積立投資に回すべきでしょう。

特に単身者の場合、一人暮らしの気軽さもあって、何となくお金を使ってしまいがちです。今の若い人は違うのかもしれませんが、特に私の世代の単身者は、「まあ、なるようになるでしょう」的な精神が強いのです。まあ、大体において、なるようにならないものなのです。気を引き締めて老後の準備を進めていきましょう。

その際の役に立つかもしれない、いくつかのツールをご案内します。いずれもセゾン投信のサイトから誰でも使えるものなので、半分お遊びでも結構ですから、のぞいてみてください。

セゾン投信のサイトにアクセスしていただき、画面右上部に「シミュレーション」というタブがあります。これをクリックしてみてください。そうすると、「積立投資&取り崩しシミュレーション」のページに移ります。利用規約をご確認いただき、「同意する」の箱にチェックを入れて、「次へ」のボタンをクリックします。

すると、「積立投資シミュレーション」と「取り崩しシミュレーション」という2つのシミュレーターが出てくるので、必要なほうを選びます。一定期間、積立をした時にいくらお金が増えるのかを計算するのが「積立投資シミュレーション」です。

まず年齢を決めます。50歳ならバーを50歳のところに合わせて「年齢を決定」のボタンを押します。すると、「運用期間」、「毎月の積立額」、「想定利回り」を選べるようになっていますので、それぞれに適当な数字を入れてみてください。たとえば65歳までに積立を終えるのであれば、運用期間は15年です。毎月の積立額を15万円として想定利回りは少し堅実に見積もり、年5%にして「将来いくらになる?」のボタンを押すと、15年後の金額が出てきます。この場合、投資元本は2700万円で、積立資産額は3972万3689円になります。

ただ、これだとNISAの枠から完全にはみ出てしまうので、はみ出た分は課税口座口での運用になります。少しややこしいので、ここではNISAで投資した場合を前提にしてみましょう。

この場合、積立期間が15年のままであれば、毎月の積立金額を10万円にすると、15年後の総額がＮＩＳＡ枠いっぱいの１８００万円になります。これを年５％で運用できれば、最終的な金額は２６４８万２４５９円になります。非課税なので、この金額をまるまる受け取れることになります。

運用しながら取り崩す

資産形成のシミュレーションが終わったら、次は取り崩しのシミュレーションです。

たとえば毎月10万円ずつ取り崩していくとしましょう。このシミュレーションでは、取り崩しを始める年齢を、まず入力します。ここでは65歳にしてみましょう。取り崩し開始時の金融資産総額は、２６５０万円に設定します。

ここから運用をせずに毎月10万円ずつ取り崩していくと、資産の寿命は22年と１カ月で終わります。その時の年齢は87歳と１カ月です。人生１００年時代と考えれば、87歳と１カ月で資産の寿命が尽きてしまうのは、いささか困ります。

そこで資産形成をしていた時と同様、年５％の利回りで運用したとしましょう。投資信託で運用を続けながら、毎月10万円を取り崩していくのです。

すると65歳をスタート時点にしても、その後の資産の寿命はまったく尽きないというシミュレーション結果が出ました。

年5%の運用利回りを維持するのは困難ではないかと思われるなら、もう少し堅実な利回りを入れて再計算してみてください。たとえば年4%で計算すると、資産の寿命は51年6カ月になります。つまり116歳6カ月になるまで金融資産が尽きないことになります。いくら人生100年時代といっても、116歳まで生きられる人は極めてまれでしょう。その意味でも、老後は安泰ということになります。

もちろん、これらのツールはあくまでもシミュレーションなので、必ずそのとおりになる保証はどこにもありません。

ただ取り崩す際には、いつまで資産寿命があるのかを事前に把握することは大事です。それを把握せず闇雲《やみくも》に、かつその時々に必要な金額をどんどん取り崩していくと、あっという間にお金が底を尽いてしまうからです。

高齢になると、働いてお金を稼ぐということが非常にしにくくなります。最近はシニア層を含めて結構な高齢者も働ける環境は生まれつつありますが、それでも身体が思うように動かないなどのトラブルはつきものです。若い頃のような働き方ができない分、お金に働いてもらうことが非常に重要になってきます。手元にある金融資産を取り崩す時には慎重に行わないと、後になって悔やんでも遅いのです。

気になったらお金のプロに相談しよう

お金の運用、お金の使い方など、お金に関する悩みが生じた時、どこに相談しますか。お金の相談とは、非常にプライベートなことなので、誰にでも簡単に相談できるものではありません。友人に相談するのは気が引けるという人もいるでしょう。親に相談するのも、親の時代とお金に関する価値観は、結構大きな違いがあるものなので、そのアドバイスがそのまま通用するとも思えません。

また銀行や証券会社の窓口で相談するのも、相談だけで済まず、何か金融商品を買わされることになる可能性もあります。

そう考えていくと案外、お金について親身に相談に乗ってくれるところは少ないものです。

今、私たちセゾン投信では、「セゾン　顧客本位の相談室」を設けています。セゾン投信は運用会社なのに、セゾン投信が運用している投資信託の勧誘・販売を一切行わないという前提での相談窓口を設けてみたのです。

これまでも子供の教育費、ローンやリフォームといった住宅関連、あるいは退職やセカンドライフなど、幅広い相談を承ってきました。

ご来社いただくかオンライン形式での面談を行っております。こちらは現在セゾン投信のお客さま限定となっています。セゾン投信ホームページからご希望の日時を選択して申し込んでいただきます。面談までに収入や支出、金融資産の現在保有額などの事前情報を入力していただければ、ご来社（またはオンライン）いただいた際に詳細なライフプラン表をお見せしながら、さまざまなお金の相談を承ることができるという流れです。

こちらは土日でも対応しておりますので、平日は仕事で忙しい人でもご利用いただけます。ご検討いただければ幸いです。

第6章ではシミュレーション結果を表記していますが、シミュレーションは、将来起こり得る市場や社会の変動等や、税金、費用等は考慮していません。また正確性、完全性や将来の成果を保証するものではありません。

エピローグ

昨年6月、セゾン投信の経営体制の変更があり、それについてメディアを中心にさまざまな憶測やとても公平とは思えない偏った記事などが飛び交いました。なかには「セゾン投信は変容したのでファンドを解約したほうがいい」といった、根拠のないコメントを出す専門家もいました。

一連の騒動が起こった時、もっとも心配していたのは、メディア報道などを目にしたお客さまが不安に思われて、セゾン投信のファンドを解約して、お客さまの長期積立投資が中断されてしまうことでした。

ここでもう一度、言わせてください。

セゾン投信の旗艦ファンドである「セゾン・グローバルバランスファンド」と「セゾン資産形成の達人ファンド」については、運用担当者に変更はなく、これまで通りの運用を継続しています。経営陣が変わったからといってファンドの運用自体が変容することは「絶対」にありえません。

とはいえ、このようなことを私が言わなくても、実はセゾン投信のファンドをお持ちのお客さまは、ちゃんと理解してくださいました。それは、実際の数字が何よりも物語っています。
メディアで騒がれていた当時、通常に比べて一時的に解約が増えたのは事実ですが、それでも販売額が解約額を上回る資金流入の状況に変化はありませんでした。
一斉に経営体制の変更に関する報道が流れた2023年6月1日から今年5月31日時点までの3つのファンドの純資産総額を比べると、
「セゾン・グローバルバランスファンド」3686億1700万円↓4808億7400万円
「セゾン資産形成の達人ファンド」2503億4400万円↓3400億5600万円
「セゾン共創日本ファンド」32億1500万円↓41億9500万円
純資産総額の数字なので、ここには運用益も含まれています。したがって純粋に資金の出入りを示したものではありません。しかし受益権口数ベースでも着実に増え続けており、それは資金がむしろ流入し続けていることの何よりの証拠です。
この事実は、私が心配するまでもなく、セゾン投信のお客さまが賢明な姿勢で積み立てを継続してくださっていることを意味します。セゾン投信を代表して感謝いたしますとともに、皆さまの期待に応えるため、なお一層、皆さまの生涯投資を支えるために精進してまいりますことを、ここに申し上げ、結びの言葉とさせていただきます。

ご留意事項

本書は情報提供を目的としてセゾン投信株式会社によって作成されたデータに基づく資料であり、金融商品取引法に基づく開示書類ではありません。投資信託は値動きのある有価証券等に投資しますので基準価額は変動します。その結果、購入時の価額を下回ることもあります。また、投資信託は銘柄ごとに設定された信託報酬等の費用がかかります。各投資信託のリスク、費用については投資信託説明書(交付目論見書)に詳しく記載されております。お申込にあたっては販売会社からお渡しする投資信託説明書(交付目論見書)の内容を必ずご確認のうえ、ご自身でご判断ください。

投資信託に関するリスクについて
◆基準価額の変動要因
セゾン・グローバルバランスファンド
セゾン資産形成の達人ファンド
当社の運用、販売する上記ファンド(以下、2つのファンド)は、ファンド・オブ・ファンズであり、主として投資信託証券に投資を行います。2つのファンドは、値動きのある有価証券等に投資しますので、基準価額は変動します。2つのファンドの基準価額の変動要因としては、主に「価格変動リスク」や「為替変動リスク」、「カントリーリスク」、「信用リスク」、「流動性リスク」などがあります。したがって、投資元本は保証されているものではなく、一定の投資成果を保証するものではありません。また、基準価額の下落により投資元本を割り込むことがあります。運用による損益は、すべてお客さまに帰属します。

◆その他のご留意点
投資信託は、預金や保険契約と異なり、預金保険機構、貯金保険機構、および保険契約者保護機構の保護対象ではありません。加えて証券会社を通じて購入していない場合には、投資者保護基金の対象となりません。
お取引に関しては、金融商品取引法第37条の6の規定(いわゆるクーリングオフ)の適用はありません。投資信託の設定・運用は委託会社がおこないます。

投資信託に関する費用について
◆投資者が直接的に負担する費用
セゾン・グローバルバランスファンド
セゾン資産形成の達人ファンド
○購入時手数料：ありません。
○信託財産留保額：換金申込受付日の翌々営業日の基準価額に0.1%の率を乗じた額が控除されます。

◆投資者が信託財産で間接的に負担する費用

〇運用管理費用：

セゾン・グローバルバランスファンド

ファンドの日々の純資産総額に年0.495%(税抜 年0.45%)の率を乗じて得た額とします。その他投資対象である投資信託証券において信託報酬がかかります。当該信託報酬も間接的にお客さまにご負担いただく費用となりますので、実質的な信託報酬は、年0.56%±0.02%程度(税込)となります。

セゾン資産形成の達人ファンド

ファンドの日々の純資産総額に年0.572%(税抜 年0.52%)の率を乗じて得た額とします。その他投資対象である投資信託証券において信託報酬がかかります。当該信託報酬も間接的にお客さまにご負担いただく費用となりますので、実質的な信託報酬は、年1.34%±0.2%程度(税込)となります。

※ファンドが投資対象とする投資信託証券における信託報酬を加味した実質的な負担額の概算値です。各投資信託証券への投資比率、各投資信託証券の運用管理費用の料率の変更等により変動します。

〇その他費用：信託財産に関する租税、信託事務の処理に要する諸費用(有価証券の売買の際に発生する手数料や、有価証券の保管に要する費用等を含む)、監査報酬(消費税含む)、立替金の利息等が信託財産の中から差し引かれます。なお、当該その他費用については、運用状況により変動するものであり、事前に計算方法、上限額等を示すことができません。

NISA制度に関する留意事項

- 日本にお住まいの18歳以上の方(NISAをご利用になる年の1月1日現在で18歳以上の方)が対象です。
- NISA口座は、同一年において一人1口座(1金融機関等)しか開設できません。また、NISA口座で保有する投資信託を、異なる金融機関等に移管することはできません。
- セゾン投信でのNISA口座の開設には、お申し込み受付後、所轄税務署の確認手続きを含め、1か月程度かかります。所轄税務署長からNISA口座を開設できる旨等の提供があった日までNISA口座でのご購入の注文を受け付けることはできません。
- NISA制度には年間投資枠と非課税保有限度額が設定されており、この範囲内でNISA口座において購入した投資信託から生じる利益(換金した際の利益および普通分配金)が非課税となります。なお、非課税保有限度額については、NISA口座で保有する投資信託を売却した場合、当該売却した投資信託が費消していた非課税保有限度額の分だけ減少し、その翌年以降の年間投資枠の範囲内で再利用することができます。
- 短期間の売買等の投資手法は、年間投資枠と非課税保有限度額をその都度費消することになるため、NISA制度に適していません。
- NISA口座における損失は税務上ないものとされ、ほかの口座との損益通算はできません。

・投資信託の分配金のうち、元本払戻金(特別分配金)はそもそも非課税であり、NISA制度によるメリットを享受できません。
・出国する場合(非居住者となる場合)は、お手続が必要になります。詳細は予め当社までお問い合わせください。

【つみたて投資枠に関する留意事項】

・つみたて投資枠では、積立契約に基づき、定期的かつ継続的な方法により投資信託の購入が行われます。
・つみたて投資枠で購入可能な商品は、長期の積立・分散投資に適した一定の投資信託に限られます。
・つみたて投資枠では、つみたて投資枠により購入した投資信託の信託報酬等の概算値を、原則として年1回通知します。
・基準経過日(NISA口座に初めてつみたて投資枠を設けた日から10年を経過した日および同日の翌日以後5年を経過した日ごとの日)におけるNISA口座名義人様の氏名および住所について確認を求めた際に、確認期間(基準経過日から1年を経過する日までの間)内に当該確認ができない場合は、当該確認期間の終了日の翌日以後、新たにNISA口座への投資信託の受け入れができなくなります。

【成長投資枠に関する留意事項】

・成長投資枠で購入可能な商品は、NISA制度の目的(安定的な資産形成)に適したものに限られており、当社の3つのファンドは対象商品に該当しています。

本書で使用しているデータ等について

本書の内容は作成時点のものであり、将来予告なく変更されることがあります。本書は信頼できると判断した情報等に基づき作成しておりますが、その正確性・完全性を保証するものではありません。本書のシミュレーション・グラフ・数値等は、過去の実績・状況であり、将来の市場環境等や運用成果等を示唆・保証するものではありません。また、税金・手数料等を考慮しておりませんので、実質的な投資成果を示すものではありません。
当資料にインデックス・統計資料等が記載される場合、それらの知的所有権その他の一切の権利は、その発行者および許諾者に帰属します。

確定拠出年金の拠出限度額(123ページ)について

※1企業型DCの拠出限度額は、月額5.5万円からDB等の他制度掛金相当額(仮想掛金額)を控除した額。他制度掛金相当額は、DB等の給付水準から企業型DCの事業主掛金に相当する額として算定したもので、複数の他制度に加入している場合は合計額。他制度には、DBのほか、厚生年金基金・私立学校教職員共済制度・石炭鉱業年金基金を含む。施行(令和6年12月1日)の際、現に事業主が実施する企業型DCの拠出限度額については、施行の際の企業型DC規約に基づいた従前の掛金拠出を可能とする(経過措置)。ただし、施行日以後に、

確定拠出年金法第3条第3項第7号に掲げる事項を変更する規約変更を行った場合、確定給付企業年金法第4条第5号に掲げる事項を変更する規約変更を行うことによって同法第58条の規定により掛金の額を再計算した場合、DB等の他制度を実施・終了した場合等は、経過措置の適用は終了。マッチング拠出を導入している企業の企業型DC加入者は、企業型DCの事業主掛金額を超えず、かつ、事業主掛金額との合計が拠出限度額(月額5.5万円からDB等の他制度掛金相当額を控除した額)の範囲内で、マッチング拠出が可能。マッチング拠出かiDeCo加入かを加入者ごとに選択することが可能。
※2企業年金(企業型DC、DB等の他制度)の加入者は、月額2.0万円、かつ、事業主の拠出額(各月の企業型DCの事業主掛金額とDB等の他制度掛金相当額)との合計が月額5.5万円の範囲内で、iDeCoの拠出が可能。公務員についても、同様に、月額2.0万円、かつ、共済掛金相当額との合計が月額5.5万円の範囲内で、iDeCoの拠出が可能。

積立／定期換金について
積立による購入、および定期換金による解約は将来における収益の保証や、基準価額下落時における損失を防止するものではありません。また、値動きによっては、積立／定期換金よりも一括による購入／解約の方が結果的に有利になる場合もあります。

本書で使用している受賞歴について
「R&Iファンド大賞」は、R&Iが信頼し得ると判断した過去のデータに基づく参考情報(ただし、その正確性及び完全性につきR&Iが保証するものではありません)の提供を目的としており、特定商品の購入、売却、保有を推奨、又は将来のパフォーマンスを保証するものではありません。当大賞は、信用格付業ではなく、金融商品取引業等に関する内閣府令第299条第1項第28号に規定されるその他業務(信用格付業以外の業務であり、かつ、関連業務以外の業務)です。当該業務に関しては、信用格付行為に不当な影響を及ぼさないための措置が法令上要請されています。当大賞に関する著作権等の知的財産権その他一切の権利はR&Iに帰属しており、無断複製・転載等を禁じます。
セゾン・グローバルバランスファンド
部門：投資信託 カテゴリー：バランス型(標準) 賞：優秀ファンド賞
セゾン資産形成の達人ファンド
部門：投資信託10年 カテゴリー：外国株式コア 賞：優秀ファンド賞

LSEG リッパー・ファンド・アワードは毎年、多くのファンドのリスク調整後リターンを比較し、評価期間中のパフォーマンスが一貫して優れているファンドと運用会社を表彰いたします。
選定に際しては、「Lipper Leader Rating (リッパー・リーダー・レーティング)システム」の中の「コンシスタント・リターン(収益一貫性)」を用い、評価期間3年、5年、10年でリスク調整後のパフォーマンスを測定いたします。評価対象となる分類ごとに、コンシスタント・リターンが最も高いファンドにLSEG リッパー・ファンド・アワードが贈られます。詳しい情報は、lipperfundawards.comをご覧ください。LSEG Lipperは、本資料に含まれるデータの正確性・信頼性を確保するよう合理的な努力をしていますが、それらの正確性については保証しません。

セゾン・グローバルバランスファンド

部門：投資信託部門 リッパー分類：ミックスアセット 日本円 バランス型 評価期間：10年 賞：最優秀ファンド賞

セゾン資産形成の達人ファンド

部門：投資信託部門 リッパー分類：ミックスアセット 日本円 フレキシブル型 評価期間：5年/10年 賞：最優秀ファンド賞

ウエルスアドバイザーアワード「"新NISA成長投資枠" WA優秀ファンド賞」は過去の情報に基づくものであり、将来のパフォーマンスを保証するものではありません。また、ウエルスアドバイザーが信頼できると判断したデータにより評価しましたが、その正確性、完全性等について保証するものではありません。著作権等の知的所有権その他一切の権利はウエルスアドバイザー株式会社に帰属し、許可なく複製、転載、引用することを禁じます。
当賞は国内公募追加型株式投資信託のうち、2023年12月29日における『NISA成長投資枠登録のアクティブファンド』を選考対象として独自の分析に基づき、各部門別に総合的に優秀であるとウエルスアドバイザーが判断したものです。セゾン資産形成の達人ファンドが選出された国際株式型(グローバル) 部門は、選考対象ファンドのうち、同年11月末において当該部門に属するファンド307本の中から選考されました。セゾン・グローバルバランスファンドが選出されたバランス型 部門は、選考対象ファンドのうち、同年11月末において当該部門に属するファンド299本の中から選考されました。

セゾン・グローバルバランスファンド

部門：バランス型 受賞：優秀ファンド賞

セゾン資産形成の達人ファンド

部門：国際株式型(グローバル) 受賞：優秀ファンド賞

※ウエルスアドバイザー株式会社(旧モーニングスター株式会社)
1998年3月27日の設立以来、約25年にわたり、国内の投資信託を中心とした金融商品評価事業を行ってまいりました。2023年3月30日付で米国 Morningstar,Inc へブランドを返還し、以降、引き続き中立・客観的な立場で、投信評価事業をウエルスアドバイザー株式会社で行っております。

ライフプランシミュレーションに関して

第5章、6章で使用しているライフプランのシミュレーションは株式会社MILIZEによる「milizePro」を使用して仮定データに基づいて作成しています。

免責事項

・本ツールは、ライフプランに関する複数の質問に対するお客様のご回答に応じて、株式会社MILIZEが作成したロジックに基づいて一般的に公開されている推計・統計的データを元に結果を試算するものです。　将来の成果を保証するものではありません。あくまでも目安としてご利用ください。

・シミュレーションの内容には万全を期しておりますが、その正確性、完全性、信頼性等を保証するものではありません。本ツールの内容は、予告なく変更されることがあります。
・本ツールを利用することで生じるいかなる損害についても、故意または重過失がある場合を除き、株式会社MILIZEは責任を負いません。
・本ツールは個別の保険商品の推奨・説明・勧誘を行うものではありません。
・資産シミュレーション結果の保存について資産シミュレーションの実施後、「結果を保存する」ボタンを押すと、資産シミュレーション結果が株式会社MILIZEに送信されます。お客様は送信内容の取消しはできません。
・送信された資産シミュレーション結果は、株式会社MILIZEが保存・管理します。資産シミュレーション結果を、お客様、株式会社MILIZE以外の第三者に開示・提供することはありません。

URL：https://milize.net/milizepro

4年連続99%以上の顧客収益がプラス

金融庁が2018年3月末付で公表を求めた「投資信託の販売会社における比較可能な共通KPI」の共通の定義に基づいて算出した数字となり、2024年3月末基準の数字となります。詳しくはホームページをご確認ください。
https://www.saison-am.co.jp/company/common_kpi/

商号：セゾン投信株式会社(設定・運用・販売を行います) HP : https://www.saison-am.co.jp/
金融商品取引業者 : 関東財務局長(金商)第349号
加入協会：一般社団法人 投資信託協会

参考文献一覧

年齢別の男女人口（総務省統計局　「人口推計」令和6年2月報）

大学進学率（文部科学省　学校基本調査年次統計〈令和6年〉）

経済成長率（内閣府　戦後日本の経済成長）

持家比率（総務省統計局　家計調査〈2018年〉）

日本の将来推計人口（国立社会保障・人口問題研究所　日本の将来推計人口〈令和5年推計〉）

高齢者データ（内閣府　令和5年版高齢社会白書）

可処分所得の推移　税・社会保障負担率（内閣府　「家計可処分所得・家計貯蓄率四半期別速報〈2023年10-12月期〉」暦年）

健康寿命（厚生労働省　健康寿命の令和元年値について）

退職金（厚生労働省　就労条件総合調査〈令和５年〉）

中小企業の退職金事情（東京都産業労働局　中小企業の賃金・退職金事情）

消費者物価指数（総務省統計局　消費者物価指数2020年基準）

首都圏　新築分譲マンション市場動向（不動産経済研究所　首都圏　新築分譲マンション市場動向）

平成30年住宅・土地統計調査（総務省統計局　平成30年住宅・土地統計調査）

都内の人口（東京都　未来の東京戦略）

財政検証（厚生労働省　2019年財政検証）

平均結婚年齢（厚生労働省　人口動態調査〈2023年〉）

令和３年度　私立大学入学者に係る初年度学生納付金平均額（文部科学省　令和３年度私立大学入学者に係る初年度学生納付金平均額）

家計の金融行動に関する世論調査（令和５年）（金融広報中央委員会　家計の金融行動に関する世論調査〈令和５年〉）

賃金構造基本統計調査（厚生労働省　賃金構造基本統計調査）

死亡確率（厚生労働省　平成29年簡易生命表）

家計調査（総務省統計局　家計調査〈2023年〉）

531基金（厚生労働省　企業年金制度の現状等について：第20回社会保障審議会企業年金部会）

平均寿命（厚生労働省　令和4年簡易生命表）

個人型確定拠出年金（iDeCo）（厚生労働省　iDeCoの概要）

年金受給額平均（厚生労働省　令和4年度厚生年金保険・国民年金事業の概況）

長期・積立・分散投資の効果図（金融庁　つみたてNISAハンドブック）

加入者掛金の平均（企業年金連合会　確定拠出年金実態調査結果〈2022年度決算・概要版〉）

退職所得控除（国税庁　「暮らしの税情報」〈令和5年度版〉）

223社（厚生労働省　運営管理機関登録業者一覧）

未婚割合（国立社会保障・人口問題研究所が算出　令和2年版厚生労働白書）

65歳以上人口に占める一人暮らしの人口（内閣府　令和4年版高齢社会白書〈全体版〉）

100歳以上人口（厚生労働省　プレスリリース「百歳高齢者表彰の対象者は47,107人」）

園部　鷹博（そのべ・たかひろ）
セゾン投信株式会社代表取締役社長 CEO 兼 COO
外資系消費財企業などを経て、2007 年さわかみ投信へ入社し資産運用業界でのキャリアをスタートさせる。外資系運用会社を経て 2018 年セゾン投信入社。同社事業推進部長として販売会社経由での長期積立投資の拡大に従事。2019 年同社取締役兼事業本部長。2020 年 6 月より代表取締役社長 COO。2023 年 6 月より現職。

編集協力／鈴木雅光

50歳・資金ゼロから始める
老後を幸せにする資産運用

2024年 7 月 1 日　第 1 版発行

著　者　　園部　鷹博
発行人　　唐津　隆
発行所　　株式会社ビジネス社
〒162-0805　東京都新宿区矢来町114番地　神楽坂高橋ビル５階
電 話　03(5227)1602（代表）
FAX　03(5227)1603
https://www.business-sha.co.jp

印刷・製本　株式会社光邦
カバーデザイン　大谷昌稔
本文デザイン・DTP　茂呂田剛（エムアンドケイ）
営業担当　山口健志
編集担当　本田朋子

ISBN978-4-8284-2634-1